Cuando tú crees

Cuando tú crees

MARTA BARGAS
GALLARDO

Aljaba Producciones
Año 2018
Buenos Aires, Argentina

Cuando tú crees
Marta Bargas Gallardo

1ra. Edición, octubre de 2018

ISBN 978-987-1953-90-5

Producción editorial de Aljaba Producciones - Buenos Aires - Argentina
www.aljabaproducciones.com- editora@aljabaproducciones.com

Queda hecho el depósito que establece la Ley 11723. Libro de edición argentina.

A menos que se indique lo contrario, las citas bíblicas fueron tomadas de la Santa Biblia Reina Valera, revisión 1960 © Sociedades Bíblicas Unidas.

Bargas Gallardo, Marta
Cuando tú crees / Marta Bargas Gallardo. - 1a ed. - City Bell : Aljaba Producciones, 2018.
90 p. ; 20 x 14 cm.
ISBN 978-987-1953-90-5
1. Literatura Testimonial. 2. Vida Cristiana. 3. Oración. I. Título.
CDD 242

Dedicatoria

Dedico este libro a Mercedes Mansilla la mujer que a través de su ejemplo y disposición de amor al Señor, me enseñó a servir al Dios todopoderoso y amar al ser humano; a esa maestra que les explicó a mis hijos los primeros versículos de la Biblia y que les enseñó que Dios hacía milagros.

A Eduardo, mi amado esposo, por ser ese compañero siempre dispuesto por ya casi cuarenta años. A mi amado hijo Adrián, por ser el puente que el Señor usó para llegar a los pies de Cristo. A mis amadas hijas; a Gloria, por ser la fuerza para seguir adelante; a Laurita porque llegó cuando yo ya estaba aprendiendo a vivir de otra manera; y a Antonella que cuando nació fue entregada al Señor.

A toda mi amada familia, porque con ellos vamos tomados de la mano poderosa de nuestro Señor en esta camino llamado *de la aventura cristiana.*

Doy toda la gloria y honra al Dios todopoderoso, por el milagro más grande en mi vida: la transformación de mi corazón, y una vida totalmente cambiada por su poder. Dios mismo sacó mi corazón de piedra y puso uno de carne, sensible a su presencia, a través de la obra del precioso Espíritu Santo. Tal como la Biblia lo declara en Ezequiel 11:19:

> Y les daré un corazón, y un espíritu nuevo pondré dentro de ellos; y quitaré el corazón de piedra de en medio de su carne, y les daré un corazón de carne…

Agradecimientos

Agradezco a mi Señor y Salvador. Luego a mi amado esposo, que siempre me ayudó. A mis hijos por su apoyo. A mi hermana Mary Fernández, segunda mamá de mi hija.

Le agradezco al Señor por la vida y consejos de mis primeros pastores, Cristina y Hernán Pérez. Asimismo a mis amados hermanos Julio y Mercedes Mansilla (Mechi), quienes fueron mis primeros líderes, y creyeron por mí; e igualmente al copastor Jorge Mansilla, quien fue mi segundo líder.

A la pastora Margarita, que me abrió las puertas de la televisión, donde estuve ministrando por TV Reino. Al ministerio Clamor por Israel. A los queridos pastores Edwin y su amada esposa Patricia. A la pastora Mónica. A la pastora Wanda Ricky y a su amado esposo, hermano Juan. A Scarlet y su esposo. A Rosita y esposo.

Agradezco especialmente a Sonia, a Kimberly, a Judith, a Delmi y a Sandra que me ayudaron con la edición del libro.

Índice

Introducción

Cuando piensas que tienes todo en tu contra o, debido a las circunstancias, todo se vuelve negativo, porque lo que ves te está diciendo: "No; no vas a poder hacer nada", si estás creyendo en una palabra que te fue dicha o declarada por parte del bendito Espíritu Santo, a través de un hombre o una mujer de Dios, y esa palabra retumba en tu mente, se hace carne en tu corazón, y vive en tu alma, en algún momento va a cobrar vida en ti.

Porque la Palabra de Dios dice:

> No me elegisteis vosotros a mí, sino que yo os elegí a vosotros, y os he puesto para que vayáis y llevéis fruto. Y vuestro fruto permanezca; para todo lo que pidiereis al Padre en mi nombre, él os lo dé.
>
> – JUAN 15:16

Cada testimonio que contaré en estas páginas es para exaltar la gloria, honra y poder del Dios que es fiel y verdadero; el que me llamó, al cual le creí, creo y creeré. Porque soy testigo de que su poder no tiene límites.

> Pero teniendo el mismo espíritu de fe, conforme a lo que está escrito, creí, por lo cual hablé, nosotros también creemos, por lo cual también hablamos.
>
> –2 CORINTIOS 4:13

Que el Señor bendiga rica y poderosamente a cada lector.

1

Este testimonio de vida comenzó hace veintiséis años, cuando yo estaba sentada en un sillón, en mi casa de la Argentina, en la ciudad de Comodoro Rivadavia, centro costero de la Patagonia. Tenía en brazos a mi hijo, que estaba muriéndose de cáncer, con una abundante hemorragia por la nariz y por la boca.

Pero antes de llegar a esa parte del relato contaré que nací de un matrimonio que tuvo diez hijos; yo soy la cuarta, y una de las mayores. Cuando mis padres se unieron en matrimonio, cada uno tenía ya una hija.

Mi padre, un militar que siempre pensó que a los hijos no se les hablaba: solo se los miraba, y ellos sabrían lo que tenían que hacer.

Mi mamá era alcohólica, bebía en el tiempo en que yo había nacido; me cuentan que mi tía fue un día a visitarla, y yo estaba en cama muy enferma; entonces, me llevó a su casa y se hizo responsable de mí; solo tenía seis meses de nacida.

El tiempo pasó y fui creciendo. Estimo que aproximadamente a los seis años de edad pude conocer a mis padres, hermanos y al resto de la familia. A esa edad, me llevaron a vivir con ellos. Siempre quedó marcado en mi mente el día en que mi papá fue a buscarme a casa de mi tía, que para mí era como mi mamá. Era tarde, al anochecer, y se había levantado una tormenta muy fuerte, de tal manera que tuvo que tomarse de un árbol para no caerse a un barranco conmigo en sus brazos.

Pero yo no sabía que él era mi papá, ni tampoco que tenía hermanos. De vivir como una niña que tenía todo lo que necesitaba, en una casa con todas las comodidades a mi disposición, llegué a habitar a un lugar donde había cinco niños durmiendo en una sola cama. Era una casa muy chica, de la que empezaron a salir niños por todas partes; y yo no sabía que eran mis hermanos.

Todas estas experiencias dejaron marcada mi niñez, etapa en la que no podía entender o hallar explicación a estas cosas que empezaron a trabajar en mi mente. Entonces empecé a crecer sin identidad, sin saber quién era yo: cuál de las dos era mi mamá, o cuál de los dos era mi papá. Cuando fui a la escuela y había reunión de padres, yo levantaba la mano para preguntarle a la maestra, cuál de las dos madres podía venir. Mis compañeros se reían de mí, y me decían: "Vos no podés tener dos mamás". Pero eso era lo que yo estaba viviendo. Para las vacaciones de verano, mi tía me llevaba a su casa a compartir con ella esos días; por tanto, estaba un tiempo en cada casa. Tenía dos casas, muy diferentes la una de la otra.

Pero no se hablaba de ese tema; nadie me decía nada; nadie me aclaraba la situación. Y cada vez que había reunión de padres en la escuela, mi pregunta era la misma: "¿Qué mamá tiene que venir? ¿La de la casa grande o de la casa chiquita?", y se burlaban de mí, se reían y me decían cosas feas. Me di cuenta de que yo era diferente de los demás. Teníamos también otra tía que tenía un campo, y para las vacaciones nos llevaban a mí y a mis hermanos, a partir de los nueve años, para ayudar con los animales y todos los trabajos que se hacen en el campo. Mi papá decía que todos sus hijos seríamos pastores de ovejas. Cada temporada, el trabajo era más fuerte. Pasábamos todo el tiempo de vacaciones, los tres meses, en el campo y dedicados a las tareas agrícolas.

Hoy cuando, para la gloria de Dios, predico y hablo de la oveja, reconozco qué tremendo es Dios que nos llamó "ovejas": animales tan mansos. Mi padre, en su poco entendimiento, dijo que sus hijos iban a servir solo para pastorear ovejas. Me maravillo de la grandeza de mi Dios Todopoderoso; porque entiendo todo el proceso de la oveja y lo grandiosa que es la creación de nuestro Dios.

> Reconoced que Jehová es Dios; Él nos hizo, y no nosotros a nosotros mismos; pueblo suyo somos, y ovejas de su prado.
>
> –Salmo 100:3

Todo aquello empezó a marcar mi vida de tal forma que comencé a llenar de odio mi corazón, y crecí con una gran rebeldía que ocupó a tal punto mi mente que me hizo guardar grandes resentimientos. Lo que para ellos era risa y objeto de bromas, para mí era dolor; solo tenía en mi mente estas preguntas: "¿Quién soy?" ¿De dónde vengo? ¿Quiénes son mis padres? Fue así como aprendí a leer para tener acceso a los documentos que sabía me iban a aclarar de quién era hija.

La Palabra dice:

> El ladrón no viene sino para hurtar y matar y destruir; yo he venido para que tengan vida, y para que la tengan en abundancia.
>
> –Juan 10:10

Luego comencé a tener muchos dolores de cabeza y, aunque me llevaban a los médicos, todo lo que aprendía en la escuela se me iba de la mente. Pasaba el tiempo, y seguía igual; me decían que era anormal; no podían entender lo que pasaba conmigo.

Llegué a los diez años, y me di cuenta de que me podía defender sola. A los que se reían y burlaban de mí los esperaba a la salida de la escuela. Me peleaba con todos y los golpeaba. Había algo dentro de mí que me decía: “Vos podés”.

Hasta que no los veía en el piso, lastimados y ensangrentados, no los dejaba. Me veían los directores de la escuela y siempre me perdonaban; ellos mismos me daban los útiles para que yo pudiera estudiar, y sabían que en mi casa había problemas.

En una ocasión, durante un invierno en que hacía mucho frío y caía mucha nieve, los alumnos queríamos prender la estufa de la escuela; como yo en aquel tiempo ya fumaba tenía un encendedor en mi poder, así que intentamos prender esa estufa para calentarnos, pero no pudimos. Entonces se produjo una acumulación de gas que, al cabo de unos minutos, causó una explosión en el salón.

Esa fue la última vez que asistí a la escuela, porque me expulsaron. La directora le dijo a mi mamá que ya me habían perdonado mucho por todo lo que yo había hecho, pero que esto había superado todo límite; todos, alumnos y maestros, habían salido corriendo afuera de la escuela por el susto que les había provocado la explosión.

Yo quería ir a la escuela de noche; me había dado cuenta de que el estudio era la manera de ser alguien y de poder avanzar en la vida. Pero mi madre decía que todas las chicas que iban a la escuela de noche terminaban siendo madres solteras; y no me permitieron seguir estudiando.

Cuando me llevaba mi abuela a su campo para que la acompañara, me mostraba las cosas que hacía; decía que yo no le tenía miedo a nada, y que sería su sucesora.

Toda la familia por parte de mi papá se dedicaba a hacer brujería; se peleaban por quién era más fuerte. Nosotros vivimos atados a esa porquería, que lo único que trae es destrucción, desunión, miseria, engaño, y todo lo que es oscuro y sucio. Siempre tuve la curiosidad de saber por qué mi abuela vivía sola en el campo; después de mucho tiempo lo entendí.

Pasaron los años, y siempre estaba en mi mente que había otra manera de vivir. Eso que yo estaba viviendo no se podía llamar vida; tenía que existir algo mejor. Y un día, algo cambió.

Durante un Año Nuevo, mi mamá fue a dar a luz a una de mis hermanas, la que se llama Sandra, a quien apodamos Chany. Nosotros nos quedamos solos en la casa, y yo salí afuera en la noche. Mientras todos brindaban por el año que empezaba, yo lloraba a escondidas de los demás, y en un momento me dije: "Marta, no llorarás más". Me sequé las lágrimas y me paré (porque estaba sentada). Entonces regresé a casa.

Pareciera que las declaraciones que hacemos no tienen ningún sentido, pero no es así. A veces los padres creen que, como niños, no pensamos cosas como esas.

Empecé a trabajar de niñera a los catorce años y a conocer el mundo: seguía fumando y enojándome con la gente. No me importaba nada ni nadie, porque al fin yo no sabía de dónde venía ni quién era. Y el enemigo, el diablo, empezó a tomar todo ese rencor, odio y abandono que había en mi corazón. ¿Sabes? Muchas veces se dice que los chicos no toman en cuenta las cosas que pasan; no se habla de que quedan marcas en nuestras vidas, de que solo el Dios todopoderoso puede sanarlas a través del Espíritu Santo, y transformarlas para su gloria.

> Jehová te oiga en el día de conflicto; el nombre del Dios de Jacob te defienda.
>
> –Salmo 20:1

Mientras mi mamá me criaba, yo no le podía decir "mamá". Cada vez que le quería pedir algo, le decía "señora". A ella le daba rabia, y me pegaba con lo que tenía en la mano, fuera una olla o un palo. Muchas veces llegué a desmayarme a causa de los golpes; pero cuando recobraba el conocimiento, me limpiaba la ropa y hacía de cuenta que no pasaba nada. Mis hermanos me rechazaban; no podían hacerme parte de ellos; yo era la extraña.

Un día de esos, cuando la tía que me crió me llevaba a su casa, me dijo: "Marta, sacate las medias". Porque yo usaba medias largas todo el tiempo. Me las saqué, y ella vio mis piernas todas quemadas. Tenía la piel al rojo vivo, ya que se me había caído una olla de agua hirviendo, y se me estaba formando una gran infección por no haber sido tratada a tiempo y correctamente. Mi tía se enojó y discutió con mi mamá. Pero todo quedó ahí; porque los hermanos no podían andar mal por una hija (ya que mi papá era hermano del marido de mi tía). Fue también la última vez que me dejaron ir a su casa, y todo lo que mandaban para mí me lo sacaban para mis hermanos, fuera ropa, zapatos o útiles.

Una vez, estaba cortando con una tijera y puse el brazo por detrás; una de mis hermanas me empujó y caí; una parte de la tijera se enterró en mi brazo. Tuve que ir a la salita de cuidados médicos, que estaba bastante retirada de mi casa. Me envolvieron el brazo con una toalla hasta que llegué. La toalla estaba empapada de sangre; tuvieron que darme varios puntos.

Cuando empecé a trabajar, mi papá estaba de noche como sereno, y mi mamá bebía sin poder tener control. A veces, pienso cómo nos criamos, y puedo decir: "Dios es grandioso por habernos guardado". Cuando yo llegaba del trabajo, buscaba por todos lados dónde mi mamá escondía sus botellas o cajas de vino, y se las tiraba afuera. Ella me corría y me arrojaba lo que encontraba: piedras, ladrillos o lo que tuviera a mano; muchas veces, hasta me corrió con un cuchillo. Me podría haber lastimado –claro, físicamente–, porque las marcas quedan en el alma. Pero el Señor ya estaba trabajando conmigo, aun en mi ignorancia. Él sin ninguna duda tenía un plan perfecto para mí.

La Palabra dice:

> Porque tú formaste mis entrañas; tú me hiciste en el vientre de mi madre.
>
> –Salmo 139:13

Nadie me controlaba. Salí del trabajo de niñera y fui a trabajar de empleada doméstica: a lavar, planchar, limpiar, desde las seis y media de la mañana hasta la noche. No quería volver a una casa donde sabía que lo que vería no me iba a gustar.

Cuando llegaba, no me habían dejado nada para comer. Durante mucho tiempo, mi comida fue tan solo una taza de té y un pedazo de pan.

A los diecisiete años conocí a Eduardo, mi esposo; él venía de Brasil; vivíamos en el mismo barrio, pero como yo estaba trabajando todo el tiempo, no lo conocía. Primero, fuimos amigos. A mí me encantaba que me hablara de sus experiencias en Brasil; pasábamos horas conversando. Me presentó unos amigos llamados Pancho y Mina; ella pasó a ser mi mejor amiga, mi hermana querida. Y empezamos a andar de novios. Pero cuando él me quiso besar, yo me saqué el zapato y se lo di por la cabeza. Pensé, como mi mamá: "Este se hace el vivo". Me tuvo paciencia: yo me hacía respetar de la única forma que sabía.

Puedo decir que me casé con un hombre maravilloso. Cuando salimos del registro civil, mi mamá se puso a llorar.

Le dije: "Ahora es tarde". Me costó mucho entender que, debido a que ella no me había criado, no podía tener amor por mí. Y no quería darme el permiso para casarme. En realidad, quería internarme en algún lugar para chicas que no se pueden controlar; porque ella siempre se enojaba conmigo.

Pero mi papá firmó la autorización para que me pudiera casar, ya que era menor de edad. Yo estaba feliz con mi esposo, que me respetó y me cuidó. Empecé a vivir otra clase de vida, en la que para mí no era malo fumar, tomar, andar en la noche o reírme de todo el mundo. Porque yo decía: "Conocí la calle"; pero nunca me drogué ni tuve un hijo de soltera; me respetaban porque si alguien me miraba mal o no me gustaba su mirada, enseguida me enojaba y me iba a las manos. Era mi forma de defenderme.

Pero luego de casarme, mi suegra quería un nieto. Mi esposo era el hijo mayor de seis hermanos, y estábamos casados desde hacía ya tres años. Sin embargo, pasaba el tiempo y nada de que tuviésemos un bebé. Cuando fui al médico para atenderme, me hicieron una operación de los ovarios y luego me dijeron que había quedado estéril por la operación.

Yo quería adoptar un bebé, pero había muchos requisitos. Después empecé a engordar; no sabía qué estaba pasando. Fui al médico y, para mi sorpresa, me dijo que estaba embarazada de tres meses. Así que todos se pusieron muy contentos, especialmente mis suegros. Mi querida suegra empezó a cuidarme de una manera como nunca habían hecho conmigo. Ella llegó a ser mi mamá: esa madre que te cuida y te protege. Como ella no tuvo hijas, yo pasé a ser su hija querida.

Ese cuidado posteriormente le fue retribuido. Recuerdo que yo le lavaba los pies, le ponía crema, la llevaba al hospital y sabía qué medicación tomaba para su presión alta. Siempre que leo el libro de Rut, sé lo que significó Rut para Noemí (Rut 1:16-17).

Mi suegra siempre se levantaba muy temprano para atender a mi suegro, y luego tomaba la Biblia y la leía; siempre estaba ella con su Biblia.

Fue algo hermoso saber que por fin iba a ser mamá. Esperamos a mi hijo con mucha alegría; mi suegra me cuidaba tanto que no me dejaba hacer nada.

Adrián con mi esposo y mi suegra.

2

Así fue hasta el momento en que nació mi querido Adrián. Para mí, era mi vida, mi respirar, mis ojos. Todo estaba centrado en él; no había nada más. Me olvidé de que el mundo existía. Nació en 1982, después de haberlo esperado tanto tiempo. Pero en el proceso del parto me dejaron la mitad de la placenta adentro. Como yo no lo sabía, pensé que esos dolores eran normales en una mamá. A los quince días del alumbramiento, me levanté para lavar la primera ropita de mi bebé, y empecé a temblar. Me acosté. Y cuando vino mi esposo, él vio que yo estaba temblando, sentada y tratando de pararme; pero no podía hacerlo. Como vivíamos con mi suegra, fue hasta el cuarto de ella y le dijo lo que estaba pasando conmigo.

Eran aproximadamente las doce de la noche. Mi esposo me envolvió en una manta, me subieron en el auto de mi suegro y me llevaron de urgencia al hospital. El doctor dijo que tenía que quedarme internada, porque ya eso estaba todo malo y tenía una infección. Hacía prácticamente tres semanas que tenía ese problema sin darme cuenta. Entonces, yo me paré y le dije al médico: "Tengo un bebé y no me voy a quedar internada". Aunque estaba muy mal, yo era fuerte. Pero cuando me paré para ir hacia la puerta y salir de la sala, perdí el conocimiento. Noté vívidamente cómo me empezaron a golpear la cara intentando que reaccionara, y les oí decir: "La señora se va…".

Me vi a mí misma tendida en una camilla, pero no me dolía lo que me estaban haciendo. Yo estaba fuera de mi cuerpo, observando todo lo que los médicos hacían. Pasé por un tubo negro, que me absorbió como una aspiradora, y llegué a unos portones amplios. Estaba frente a algo que nunca había visto: los portones eran dorados; y yo me sentía como una piedrita en medio del mar.

Eran tan pero tan grandes esos portones, que de la luz y el reflejo que de ellos salía casi no podía mirar. Lo que sí sabía y notaba era la paz que había, y me quería quedar allí. No quería volver de ese lugar: la paz que sentía yo en ese momento era absoluta. Pero escuché una voz que me decía: "No es tu hora".

En ese mismo momento, y al terminar de oír esa voz, vuelvo a ser absorbida por el tubo, y regreso a mi cuerpo. Comencé a sentir los dolores que tenía.

Era el tiempo del conflicto y de la guerra en las islas Malvinas. Mientras estuve internada en el Hospital Regional, vi cómo regresaban de la batalla nuestros queridos soldados y cómo habían quedado muchos sin saber quiénes eran. Estaban en shock. Cuando los helicópteros llegaban, enfermeras y médicos empezaban a correr y no nos dejaban estar en los pasillos. Nos pedían que no saliéramos de las habitaciones para que no viéramos cómo traían a nuestros soldados. Es parte de la historia de nuestra querida Argentina.

Pero la felicidad con nuestro hijo duró solo dos años y ocho meses. Esa etapa de poder disfrutar de su vida terminó y comenzó una historia muy diferente para mí. Mi esposo quería tener otro bebé enseguida para que se criaran juntos; pero yo no podía. Lo que me había pasado me traumatizó de una manera impresionante; me convertí en una mamá abortiva. En mi mente rechazaba a los hijos; se me caían. El último se me cayó en el baño, en el inodoro. El feto ya estaba grande; le vi los ojitos, aunque tenía menos de tres meses de embarazo. Esos ojitos quedaron mucho tiempo en mi mente. La Biblia dice en el Salmo 139:16 *"Mi embrión vieron tus ojos"*. Yo pude experimentar que es cierto, porque lo viví: tienen ya los ojitos formados.

Entonces, cuando Adrián tenía dos años y ocho meses, le salió una pelotita cerca de la oreja. Lo llevamos al médico, y él nos dijo que no era de importancia. Durante seis meses, vimos a varios profesionales; pero no le encontraban nada. Hasta que uno de ellos nos dijo que podía ser malo o bueno, pero que él sentía mucho lo que íbamos a pasar, porque –según él– veía que éramos muy jóvenes, y nos mandó al Hospital Regional, que estaba en nuestra ciudad, donde toda la gente podía ir a atenderse.

Lo llevamos, y allí le hicieron una biopsia. Después de estar internado y hospitalizado durante quince días, estaba todo hinchado: el líquido se le había desparramado por todo el cuerpo. Cuando lo llevaron a la sala para hacerle la biopsia, estaba normal; pero después, me dio la sensación de que me entregaban otro niño: estaba todo hinchado. Yo lo miraba y no podía creer que ese era mi hijo. Pienso en cómo me sostuve en ese momento; hoy sé que fue la mano de mi amado Jesús la que me sostuvo.

Los médicos nos comunicaron que teníamos que viajar de urgencia a Buenos Aires, lugar donde iba a ser atendido por especialistas. Pero mi esposo no estaba en el hospital, como me habían pedido los médicos; ellos querían hablar con los dos, pero él me había comentado que ese día iba a venir muy tarde. Llego mi papá a vernos, y lo hice pasar junto conmigo.

Le dije: "Papá, vos no digas nada; solo escuchá". Hice pasar a mi padre por mi esposo. Él les preguntó a los médicos si querían hablar con nosotros; entonces, nos llevaron a la sala para decirnos que el vuelo salía a las seis de la tarde.

Salí del hospital y fui a casa de mi suegra para darle la noticia; ella lloraba tanto, que yo la tomé de las manos y le dije: "Usted tiene que darme fuerzas, no llorar". Mientras nos hacían los papeles y trámites necesarios para el viaje, vino mi cuñada Clara con mucho dinero, y me dijo: "Tomá; llevalo". Yo me excusé diciendo: "No puedo aceptarlo". Pero ella me dijo: "No lo hagas por vos; pensá en Adrián".

Cuando pasan estas cosas o llegan momentos de angustia que marcan nuestras vidas, no nos podemos olvidar de quienes estuvieron con nosotros.

Los médicos dijeron que no sabían cómo íbamos a llegar al hospital. Tuvimos que romper la ropa de Adrián para ponérsela: casi no entraba en un asiento del avión, de tan hinchado que estaba.

Llegamos al Hospital Ricardo Gutiérrez, situado en la calle Paraguay, donde comenzó el tratamiento por el cáncer de mi hijo, con el doctor que nos había acompañado. Se nos abrió la tierra. Fue un proceso en el que empecé a ver cómo mi hijo se iba deteriorando y empeorando cada vez más por la enfermedad. Los especialistas me dijeron que teníamos que tener cuidado con los virus, porque se nos podía morir antes; que no lo podíamos tocar. Les dije a los médicos: "¿Qué? Entonces, lo pongo en una caja de cristal y lo miro…". Fui a la sala y tomé al médico del cuello. Le dije: "Tenga cuidado con mi hijo, porque yo soy su mamá, y usted se va a enterar". Pero cuando me dieron el diagnóstico, no lloré, no grité; solo les dije: "Sé que no se cura. ¿Qué oportunidad tiene?". Me miraron con desconfianza por no llorar; por tener una reacción diferente de la de otras madres que recibían la misma noticia. Porque el hospital al que llegamos era de niños hasta los dieciocho años. Después, los llevaban o trasladaban a otro hospital de oncología.

El 6 de agosto registré a mi hijo como paciente del Hospital Ricardo Gutiérrez. Un proceso muy difícil, fuerte, duro, en el que toda mi rabia y rencor me mantenían de pie, sin derramar una lágrima. Y me dije: "Dios vio a todos mis hermanos y hermanas, y me escogió a mí porque yo puedo". ¡Qué mentira te hace creer el diablo: que eres invencible y nada te puede destruir!

> Los quebrantarás con vara de hierro; como vasija de alfarero los desmenuzarás.
>
> –Salmo 2:9

Aprendí cómo tratar a un hijo con cáncer; había muchas cosas que él no podía comer ni tomar.

Empezamos a viajar de Comodoro Rivadavia a la ciudad de Buenos Aires para el tratamiento. Estábamos quince días en Comodoro Rivadavia y quince en Buenos Aires, si todo salía bien. La distancia es de casi mil ochocientos kilómetros.

Tratábamos de que ni se resfriara para que pudiera tomar o recibir la quimioterapia; si no, teníamos que estar mucho más tiempo; en lugar de quince días, estábamos un mes en Comodoro Rivadavia. En ese tiempo, mi querida amiga Mina se fue a vivir a Esquel, una localidad a unas cuantas horas de Comodoro Rivadavia, casi seiscientos kilómetros. Cada vez que ella venía a vernos, nosotros ya nos habíamos ido a Buenos Aires. Por mucho tiempo, no pudimos encontrarnos, pero yo me enteré después de esa situación.

Claro que no había la tecnología que ahora tenemos; por eso, bendigo todas estas maneras actuales de poder comunicarnos.

El cáncer comenzó a hacer su trabajo en el cuerpito de mi hijo, ese camino que nunca queremos transitar. En primer lugar, Adrián dejó de caminar. Luego, no me veía. Cuando dejó de caminar, yo me decía a mí misma: "Por lo menos, me ve", pero pronto dejó también de ver. Después pensé: "Me escucha…". Siempre buscaba algo para darme ánimo. Porque cuando no tienes a nadie y estás en un lugar donde no conoces a nadie, entonces es lo que tienes que hacer: darte ánimo, alentarte; sabes que no puedes dejarte o colgar los guantes; tienes que seguir.

Cuando lo llevaba a quimioterapia, lo ataba con una corbata para que su cuerpito no se fuera para otro lado y pudiera quedar estable, ya que todo su peso estaba en la cabeza. Adrián tenía algunos amiguitos con los que jugaba, y compañeros de clase, porque esa era nuestra casa y su escuela: todo estaba dentro del hospital. Cada vez que llegábamos allí y preguntábamos por alguno de los chicos, nos enterábamos de que uno se había ido; uno por uno se iban muriendo. Y yo me preguntaba cuándo se iría Adrián.

Viajábamos en avión. Las valijas apenas las abría para poner o sacar más ropa. La primera vez que llegamos al Hospital Ricardo Gutiérrez, estaban repartiendo la comida. Como yo no sabía lo que seguiría, les pedí por favor que nos dieran comida; pero no había platos; entonces, comimos en una lata de leche, con la mano, esperando ser atendidos. Más tarde, mi sacón de piel sirvió para acostar a mi hijo en el pasillo del hospital, ya que no se sabía si era contagioso lo que tenía, y los médicos no querían arriesgar la vida de los otros niños que estaban internados. Así estuvimos hasta las diez de la noche para que –luego de análisis y otros estudios– los médicos vinieran a observarlo para pasarlo a la sala, la que durante mucho tiempo se convirtió en nuestro hogar.

Escribir esta parte de nuestro testimonio es como vivir de nuevo todo. Viene a mi mente la forma en que compartíamos una comida con las mujeres, o cuando yo le robaba pan a la que repartía la comida en las salas del hospital, para todas las mamás que estábamos ahí. Ella se lo llevaba para su casa; entonces, nunca nos daba pan, y nosotras no podíamos salir del hospital porque cada una tenía que cuidar a su hijo o hija, que estaba en las mismas condiciones.

A visitarnos venía un matrimonio; ella era evangélica y él, católico; nos traían pan o cosas dulces, que repartían a las mamás que estábamos en el hospital. Muchas veces hemos oído decir que en el cielo tendremos sorpresas. Yo creo que esa mujer con su esposo será una de ellas.

Después de viajar en avión, nos tocó viajar en colectivo: eran veintisiete horas de viaje. Llegábamos cansados, agotados, y teníamos que esperar un día para empezar el tratamiento. Yo pasaba todo el tiempo sin llorar. La gente juzga y critica por no saber; pero nadie podía entenderme. Yo me decía: "¿Quién puede entender que mi hijo se muere y no puedo hacer nada?". Sentía que todo estaba caído, derrumbado; que lo que quedaba de mí era solo una máquina que caminaba.

Aprendí la diferencia entre existir y vivir, y te puedo asegurar que son totalmente muy diferentes.

La primera vez que a mi hijo le dieron el permiso para salir del hospital, después de haber estado desde el 6 de agosto hasta el 20 de noviembre, recuerdo –nunca voy a olvidarme– que lo alcé en brazos para cruzar la calle con el propósito de tirarme en la avenida Paraguay para suicidarme con él. Dije: "Acá hay siempre accidentes; no se van a dar cuenta de lo que hago". Pero Dios tenía un propósito conmigo: la luz del semáforo estaba en verde; yo cerré mis ojos y crucé… Pero cuando los abrí, estábamos del otro lado de la avenida. Habíamos cruzado sin que me diera cuenta.

Hoy entiendo que fue la mano poderosa del Señor que me llevó al otro lado. Él envió su ángel para que nos cruzara. La Palabra de Dios dice:

> Jehová cumplirá su propósito en mí; tu misericordia, oh Jehová, es para siempre; no desampares la obra de tus manos.
>
> –Salmo 138:8

¿Cómo poder entender que llorar nos hace tan bien en muchos casos, que es la mejor manera para desahogarnos? Yo me olvidé de reír; aunque me contaban chistes, y pasaban cosas buenas para reírse, yo no le encontraba sentido a nada. Cuando tienes un dolor tan, pero tan grande, te sumerges en un silencio muy profundo.

Al volver a Comodoro Rivadavia, después del primer tratamiento, estaban esperándonos nuestros familiares todos muy contentos, menos yo. Mi esposo me dijo: "Te dijeron que ya está sano", pero como yo no podía pensar en nada, solo vi que a mi hijo lo llevaban al auto, y les dije: "Se va a morir, porque tiene cáncer". Todos me miraron con desprecio, por la manera en que lo había dicho: sin llorar como lo hubiera hecho una mamá desesperada, cayéndose a pedazos.

Cuando no permites que alguien pueda entrar, te encierras; ese dolor también va trabajando por dentro; viene la tristeza que te inunda el alma; no encuentras consuelo.

> Saca mi alma de la cárcel, para que alabe tu nombre.
>
> —Salmo 142:7

Quieres detener el tiempo, y sabes que no puedes. Deseas que la noche quede solo en noche, o el día solo en día, porque sabes que un día que pasa es un día en que tu hijo se muere. Vives con esa desesperación día tras día. Aprendí a ser también la enfermera de mi hijo: a tener los dedos sensibles para detectarle los ganglios. Cuando lo llevaba al hospital, les decía a los médicos dónde estaban o dónde habían salido otros. Siempre estaba al lado de él.

Su enfermedad se llama mal de Hopkins; ataca a los ganglios linfáticos.

Ya hacía como tres años que íbamos de un lugar a otro, de Comodoro Rivadavia a Buenos Aires, cuando en una ocasión en que estábamos en el hospital salió la enfermera y nos dijo que no podíamos movernos, porque andaba un hombre armado con una escopeta, tirando tiros. Nosotros oímos ruidos y creímos que estaban festejando la Navidad.

Muchas veces pienso que puede pasarnos cerca la muerte; pero Dios tiene una hora, un día y una fecha para cada uno: no importa lo que pase a nuestro lado.

> Me libró de mi poderoso enemigo, y de los que me aborrecían; pues eran más fuertes que yo.
>
> –Salmo 18:17

3

Cuando Adrián tuvo cierta estabilidad, a los cinco años aproximadamente, yo me derrumbé; no pude más. Empecé a tener fuertes dolores de cabeza y me caía donde estaba. Me llevaban al hospital y me ponían una inyección para los nervios, que me hacía dormir por un día completo, ya que las pastillas no me daban resultado. No dormía hasta que el sueño me vencía, porque pensaba que, si yo me dormía, Adrián podía morirse. Porque él ya había empezado con hemorragias por la nariz y la boca. Cuando mi esposo se dormía, yo me levantaba a mirar la luna hasta que amanecía. Y pensaba: "¿Si me duermo, y a Adrián le viene una hemorragia y se muere ahogado?".

Pero en medio de ese proceso, nació mi hija Gloria, a quien apodamos Nany. Dios sabe por qué hace esas cosas, que muchas veces nos asombran por el milagro de la vida. Ella pasó a ser mi motor, mi esperanza para poder seguir. Yo decía: "Tengo que seguir por ella; no puedo dejarme vencer".

Nos dieron una casa del gobierno, en un barrio que todavía no habían habilitado. Hasta entonces, vivíamos en un galpón donde se guardan herramientas. Con los enfermos nadie quiere estar; por eso, me identifico con el pasaje de la mujer del flujo de sangre. Para mí, la historia de Mateo 9:20 es parte de mi vida. Habíamos tenido que entregar la casa que estábamos rentando, porque ya lo habíamos gastado todo.

Nos fuimos a vivir a esa casa entregada por el gobierno; Dios sabe todas las cosas. Jeremías 33:3 dice: *"Clama a mí, y yo te responderé, y te enseñaré cosas grandes y ocultas que tú no conoces"*. Tremenda palabra. Claro, yo no sabía que mi alma clamaba por la paz; me acuerdo de todo ese tiempo, y cuando escucho que se quejan de cosas tan pequeñas o sin importancia, pienso como dijo un predicador: "Cuando peleas contra una enfermedad como el cáncer, después todos los problemas tienen solución".

Cuando vivíamos en el galpón, yo sacaba a mi hijo con tierra; y es que no teníamos nada; ni siquiera la ropa era mía. Andaba con prendas de mi suegra: todo se había gastado, y lo que no, se perdía a causa de la necesidad. A veces, mi esposo salía con campera y, como era ropa de buena calidad, volvía sin ella porque la había vendido por unos pocos pesos.

El cáncer es tan tremendo que te denigra, te gasta; pasas situaciones que nunca pensaste que vivirías. Esa enfermedad saca lo peor de tu ser; sabes hasta dónde pueden llegar los demás cuando te dicen: "Yo voy a estar"; después te das cuenta de que no pueden. Pero yo entendí esa parte.

Nació Nany, mi amada bebé a la que siempre llamaré "el regalo de la vida". Por un lado, teníamos una pelea con la muerte; por el otro, vino la vida. ¡Qué tremendo es nuestro buen Dios, fiel y verdadero! Ahora teníamos otro problema: vivíamos muy lejos de todos. Cuando Adrián se descomponía, lo llevábamos al hospital. Estábamos casi todas las semanas en el Hospital Regional. Él ya caminaba un poco, pero muy despacio, y se cansaba mucho.

A ese barrio donde nos dieron la casa, llegó una vecina a vivir a nuestro lado; se llama Mary. Como Adrián, por la enfermedad, estaba muy alterado de los nervios, y quería muchas veces romper cosas o me tiraba una silla, un día lo puse en disciplina, lo castigué en su cuarto. Cuando lo fui a ver, me había desarmado toda la habitación. No podía controlarlo, pero no podía dejar que hiciera lo que quisiera. Entonces, tuve una idea: lo metía en la ducha, porque tenía que pararlo de alguna forma.

Cuando salíamos de la ducha, estábamos todos mojados, mamá e hijo; era la única forma de que se cansara y se quedara tranquilo.

Pero no siempre lo podía meter en la ducha. A veces, lo dejaba afuera, en el patio. Un día, mi vecina escuchó que él lloraba mucho. Como ella siempre tenía problema con los fósforos cuando quería prender la estufa, cuando veía que yo estaba afuera, salía a pedirme fósforos; entonces, yo me metía rápido para mi casa y le decía a mi esposo: "Salí vos para hablar con la vecina". Dios siempre va a usar lo que tiene que usar. En mi caso, fueron fósforos: algo tan simple.

Pero Dios tenía otros planes. Isaías 55:8 dice: *"Porque mis pensamientos no son vuestros pensamientos, ni vuestros caminos mis caminos, dijo Jehová"*.

Estábamos en la casa nueva, con una vecina que el Señor me había enviado (aunque yo no tenía idea de nada). Un día, ella hizo una reunión por unos productos, y vino a invitarme. Me disculpé diciendo que no podía ir; pero mi hija Nany, que ya caminaba, porque empezó a caminar antes del año, salió afuera y se fue con ella. Mi vecina dijo: "No se haga problema; después pasa a buscarla". En ese momento, no sabía que ella llegaría a ser la segunda mamá para mi hija.

Cuando la fui a buscar, escucho a cada mujer que había venido a esa reunión decir: "¡Gloria a Dios!", "Aleluya", y pensé: "¿Dónde me metí?". Pero mi nena se había dormido. Bendita la hora; mientras mi nena dormía, las mujeres se iban yendo, y quedamos solas con mi vecina, mi querida Mary.

Ella empezó la conversación diciéndome;

–¿Sabe que a usted la van a denunciar? Porque el nene llora mucho.

Le empiezo a contar la historia de mi hijo, que se estaba muriendo de cáncer; me mira con mucha tristeza, y me dice:

–¿Sabe, vecina, que Dios sanó a Lázaro?[1] –Y agregó–: "Él lo puede hacer con su hijito. Dios tiene poder, y al que *cree*, todo le es posible. Jesús dijo: "Si puedes creer, al que cree todo le es posible"[2].

Yo le pregunté:

–¿Quién es Lázaro?

–Está en la Biblia –fue su contestación. Luego me dice–: Si necesita algo, me avisa.

Esa misma noche, Adrián se descompuso; lo teníamos que llevar al hospital, y no teníamos con quién dejar a Nany.

Mi esposo dijo:

–¿Qué hacemos con Nany?

---

1. Juan 11:25: "Le dijo Jesús: Yo soy la resurrección y la vida; el que cree en mí, aunque esté muerto, vivirá".

2. Marcos 9:23.

Yo le dije que la dejáramos con la vecina. Fui a tocar la puerta de su casa, y ella vino con una manta a buscar a mi nena, y se la llevó dormida. ¡Cómo olvidar lo que queda registrado en nuestra memoria!

Fuimos al Hospital Regional. Nos quedamos toda la noche en la sala de guardia; no le hacían nada, pero nos quedaba la tranquilidad de que estábamos en el hospital. Llegamos de nuevo a nuestro hogar como a las ocho de la mañana, y fui a buscar a mi nena. Mi vecina me dijo que la dejara, porque estaba durmiendo.

A la una y media de la tarde, aparece en mi casa con una fuente de tallarines con pollo. Mi esposo y yo comimos con agrado; hacía mucho tiempo que no comíamos bien, porque como Adrián tenía muchos dolores, yo pasaba el tiempo haciéndole masajes en el cuerpo: en la espalda, las piernitas y los bracitos. Y mientras yo le hacía masajes, le decía: "Cierra los ojos, imagínate que guías un avión, que tiene un tablero lleno de botones". Él se dormía, porque lo vencía el sueño. Otro día, yo inventaba que era domador de caballos; era un jinete: todo el tiempo era alguien diferente, porque tuve que aprender que, de alguna forma, tenía que seguir llevando el dolor para poder continuar. Porque no era uno, sino dos hijos que tenía, y uno enfermo, con quien no podía hacer nada como cocinar, lavar o limpiar.

Cuando mi vecina vino a dejar a mi nena, entró a mi casa y vio cómo estábamos viviendo (si a eso se le puede llamar vivir). Por eso dije antes que yo aprendí la diferencia entre existir o vivir. Nosotros solo existíamos.

Mary empezó a ir a mi casa, pero me dijo:

–Soy cristiana.

–Bueno, deje a su Señor fuera de mi casa; entre usted sola –le dije yo.

Y ella entró.

Cada vez que venía, lavaba, cocinaba, planchaba: me ayudaba en todo. Pero nada de lo que teníamos se llevaba para su casa; en la heladera todo estaba en su lugar. Yo le decía a mi esposo: "La vecina parece tonta, porque no se lleva nada". No estábamos acostumbrados a esas cosas… Todas las personas que nos habían ayudado, siempre algo se llevaban; pero estábamos tan mal que no importaba nada. Mary era diferente. Y mi hija se pasaba casi todo el tiempo con ella, porque nosotros no podíamos cuidarla ni atenderla como necesitaba. ¡Cómo olvidar a mi querida Mary, si vimos a Dios mismo a través de ella!

Pero un día vino y se encontró con mi hijo saliéndole sangre por la boca y la nariz. Lo llevábamos a rehabilitación, porque por la enfermedad se le había caído el hombro, lo habían declarado incapacitado en el 85%. Ella se asustó; se dio cuenta de la situación.

Nosotros teníamos siempre todas las ventanas cerradas; no entraba la luz por ningún lado. Vivíamos en la oscuridad más grande que pudiera existir. Pero bendito el día en que llegó la luz de Cristo a mi hogar.

> Otra vez Jesús les habló, diciendo: Yo soy la luz del mundo; el que me sigue, no andará en tinieblas, sino que tendrá la luz de la vida.
>
> –Juan 8:12

Mi vecina siempre me ayudaba en todo. Nosotros vimos a una mujer tan diferente que nos ayudaba sin pedirnos nada. ¡Y nos parecía tan extraño! No estábamos acostumbrados a eso. Pero lo que ella me había dicho quedó dando vueltas en mi mente: "Al que cree, todo le es posible", y lo de Lázaro...

Ya habían pasado muchas semanas y Adrián estaba muy mal. Tenía siete añitos y pesaba diecinueve kilos; lo habían desahuciado. Los médicos dijeron que le quedaban seis meses de vida. Según la psicóloga, yo me había preparado para la muerte de mi hijo; era por eso que estaba tan mal de los nervios. Ella decía que si me traspasaban con una aguja, no la sentiría. Yo me iba a hacer tratar al segundo piso, donde estaba la gente alcohólica, ya con la mente perdida. Muchas veces, yo misma no sabía lo que decía. Un día que fui a ese lugar bien vestida, y me pareció escuchar a dos mujeres decir: "¡Qué pena, tan joven!". Miré a ambos lados, pero no había nadie. Sé que lo decían por mí, ya que otra vez nos estábamos levantando económicamente.

Un martes fui a lo de mi vecina y le pregunté si me podía llevar a su iglesia.

–Sí, Marta, la llevo –me contestó.

Fuimos por primera vez a una iglesia cristiana. Cristo responde tenía escrito en la entrada. Pensé: "Bueno, me hablan de Dios, a ver si es verdad". Siempre digo que Cristo tuvo mucha misericordia conmigo. Tal como dice en Nehemías 9:31: *"Mas por tus muchas misericordias no los consumiste, ni los desamparaste; porque eres Dios clemente y misericordioso"*. Por la forma como hablé, queda claro que no tenía idea.

Cuando llegamos, entramos y me dieron un almohadón. Miré a los demás para ver qué hacían con él; entonces, hice lo mismo. Y escuché lo que decían, aunque no entendía. Hoy sé que oraban.

Adrián le decía a mi vecina:

–Tía Mary, ¿dónde está la cruz? ¿En qué idioma hablan? Porque no es inglés ni francés.

Por un lado, él, con sus preguntas, y del otro lado, yo diciéndome: "¿A dónde vine a parar? ¿Qué hago acá?".

Ese día que llegué a la iglesia, dije: "Señor, todos dicen que eres un Padre bueno; acá esta mi hijo muriéndose...". Entre la desesperación y el dolor, quería gritar; por primera vez, tenía una sensación que hacía mucho tiempo no sentía, y le dije: "Soy una mamá, y si tú eres Padre…".

Cuando pasé por las cortinas que dividían el lugar para entrar a la nave, donde de un lado estaba la librería y del otro los baños, cuando estaba con un pie afuera y el otro adentro, veo como una película en la que pasan muchas cosas conmigo. No las entendí en ese momento, pero pasé igual. Dije: "Yo soy valiente. Dios, ¿sabes el dolor que tengo?".

El pastor predicó sobre Hechos 3:1-6: *"Mas Pedro dijo: No tengo plata ni oro; pero lo que tengo te doy: en el nombre de Jesucristo de Nazaret, levántate y anda"*. Nunca me olvidaré de esa Palabra, porque cambió nuestras vidas, nuestros destinos.

Quería pasar adelante para recibir a Cristo, pero estaba tan cansada que del cansancio no me podía parar. Dije: "Si mandas a alguien que venga, yo voy". Vino alguien a buscarme y pasamos a recibir a Cristo con mi hijito. Entonces, le dije al Señor: "¿Tú quieres sanarlo? Sánalo. ¿Te lo quieres llevar?

Llévatelo. Te lo entrego. No quiero que sufra más. Prefiero ser una mamá sin su hijo a que él siga sufriendo".

¿Cómo darme cuenta de que en la soberanía del Dios todopoderoso estaba todo: el poder de la vida y el poder de la muerte? Hoy me pregunto quién era yo para darle permiso a Dios, o para pensar que lo tenía que hacer. Sin duda, Dios tuvo mucha misericordia de mí.

> Habrá considerado la oración de los desvalidos, y no habrá desechado el ruego de ellos.
>
> —Salmo 102:17

Pero Dios tenía otros planes. Yo no sabía que ya conocían a Adrián; porque mi vecina siempre pedía oración por él. Cuando llegamos, ella lo llevó para atrás, donde había un cortinado, y el pastor oró por él. Nos postramos en la presencia del Dios *todopoderoso*. Reconocí que era una pecadora, que no había nada de bueno en mí; que tenía odio y rencor. Me encontré con que era la última piedra: un ser que necesitaba urgentemente a Dios.

Ese día saqué de allí un hijo sano, para la gloria de Dios.

Bendigo todos los días ese momento en que Adrián fue sanado del cáncer. Se le acomodaron todos sus huesos, como dice la Palabra: "Cada hueso con su hueso"[3]. Fue un martes de oración, el 15 de septiembre de 1989, cuando por primera vez escuché una voz que me dijo: "Hija, te regalo la vida de tu hijo". Lo creí de tal forma que tuve la convicción en mi corazón de que Dios había hecho un milagro extraordinario, no solo en Adrián, sino también en mi vida. Gracias a esa convicción, cuando llegué a mi casa, fui a la heladera y tiré todas las pastillas para los nervios que yo tomaba desde hacía cuatro años. Ahora, mi hijo estaba sano. No se lo recomiendo a nadie, pero tiré todos mis remedios; no dejé ninguno.

Entendí que somos creación de Dios, creador del universo, Señor de toda la tierra (Génesis 1:1-10), y nosotros, servidores del Señor, que es *fiel* y *verdadero*.

Pasamos de estar en el reino de las tinieblas a estar en el reino de la luz, esa luz admirable que solo da Cristo (1 Pedro 2:9). Esa noche, cuando hacía ya tres horas que estaba durmiendo, desperté y fui corriendo al cuarto de Adrián. Pero me detuve en medio del pasillo y dije: "¿Y si Dios lo sanó?". Empecé a caminar despacio… y lo vi durmiendo tan tranquilo, que levanté mis manos al cielo y di gracias, aun en mi ignorancia.

3. Ezequiel 37:7.

4

Nuestras vidas cambiaron radicalmente. Empezamos a ir a la iglesia, a los servicios y a las reuniones de hermanas. Mi vecina Mary me regaló un libro: la Biblia. La empecé a leer, y le dije al Señor que quería saber lo que decía: la llamé "el manual de la vida": eso representaba para nosotros.

Me aferré a ese libro llamado Biblia. Pero el enemigo de nuestras almas no estaba tranquilo. Mi esposo empezó a verme cambiada, que hablaba diferente; decía que era otra persona. Realmente había entrado la luz del evangelio a mi hogar. Yo me levantaba a las cinco de la mañana para poder leer, junto a mi mate, a mi compañera inseparable: la Biblia. Mi esposo no me dejaba leerla; tampoco que la tuviera encima de la mesa. Debía ponerla donde él no la viera; pero eso no me importaba.

Yo ya sabía cuál era la diferencia entre existir y vivir, y por nada del mundo volvería a lo mismo.

Me dijeron que lo más poderoso de Cristo era su sangre. Cuando pasaba algo malo, yo decía: "La sangre de Cristo tiene poder". Cuando llegamos a los pies de Cristo, también tenemos que educarnos: había cosas que yo no entendía, pero una sabía: que la sangre de Cristo tiene poder, y me aferré a eso. Había convicción en mi mente y en mi corazón de que era así.

Un día, mi esposo me escuchó, y me dijo: "¡Qué tanta sangre! Estás loca". En ese entonces, estaba con los chicos todo el tiempo en la iglesia. Nos íbamos caminando. Cuando acepté a Cristo en mi corazón, ya era mamá de tres: Adrián, Nany y Lau. Íbamos caminando con mi vecina Mary hasta la iglesia con nuestros hijos cantando coritos durante una hora de ida, y otra de vuelta. Sentíamos una alegría tan grande que siempre estábamos alabando a Dios y dándole gracias porque Él es bueno, como dice: 1 Tesalonicenses 5:18: *"Dad gracias en todo, porque esta es la voluntad de Dios para con vosotros en Cristo Jesús"*.

Con lluvia o nieve, no importaba; siempre estábamos en la casa de mi Señor. Para mí, más que un compromiso, era un deleite para el alma. Cada vez que llovía o nevaba, yo les ponía las manos a mis hijos en la cabeza y oraba para que no se enfermaran; para que el Dios del cielo pusiera en ellos su mano poderosa. El Salmo 37:4 dice: *"Deléitate asimismo en Jehová, y él te concederá las peticiones de tu corazón"*.

Dos años después, vino un misionero a la iglesia; era un martes de oración. Su piel se veía curtida por el sol. No me olvidaré de ese varón de Dios, porque causó un impacto en mi vida. Él dijo: "Cierren sus ojos, porque de acá saldrán misioneros a otros lugares". Mientras estábamos orando, yo caí de rodillas, y le dije a Dios: "Heme aquí; envíame a mí"[4]. Yo sabía que mi vida no me pertenecía más.

Me dijeron: "Marta, usted no va a ir a ningún lugar, si recién está conociendo al Señor", es que yo siempre me caía de rodillas en las reuniones; no sabían que Dios me estaba

---

4. Isaías 6:8.

moldeando, trabajando como al barro. Él estaba rompiendo a esta mujer que se creía tan dura y fuerte que nada podía moverla.

Jeremías 18 nos habla del proceso del barro, que es agua y tierra. Yo cocino pan, miro cómo formo la masa. ¡Qué tremendo es el proceso para poder ser una vasija! El Alfarero divino tomó esa oración que yo había hecho cuando me postré a sus pies, diciéndole: "Si en algo te sirve mi vida destruida y en pedazos, tómala; yo te la entrego para que hagas lo que quieras. Me rindo a ti". Yo reconocía que no tenía nada para entregar; lo único, mi vida destruida. Y a Dios no se le daba lo último, sino lo mejor; no se le podía dar lo que no servía.

Era un comienzo para nosotros, donde todo era nuevo, hermoso.

También me di cuenta de que no conocía la palabra *amor*. Entonces, busqué todos los versículos que hablan del amor y me apropié de ellos; los hice míos. Le supliqué al Padre del cielo que me llenara de ese amor, que inundara cada parte de mí con su amor. Solo quería ese amor, nada más.

En 1 Juan 4:8, dice: *"El que no ama, no ha conocido a Dios; porque Dios es amor"*. Pensé: "Si no me quiero yo misma, ¿cómo voy a querer a los demás? No voy a poder orar por ellos". Y entendí lo que era el amor.

Ya no estaba sola ni enferma ni desesperada ni descontrolada; sabía adónde iba; tenía claro que toda mi vida se la debía a Cristo. Y veía a mi hijo caminando, jugando y corriendo detrás de una pelota (lo que para otros era algo tan común). Él tuvo que aprender a correr, a jugar y a salir fuera de la casa. Antes, los vecinos les decían a sus hijos que no se juntaran con él porque podían contagiarse. Es que no sabían de qué había estado enfermo mi hijo.

Antes, yo lo ponía en la ventana para que mirara cómo los otros niños jugaban. Durante su enfermedad, él jugaba con los ladrillitos o bloques Legos, y siempre armaba hospitales. Hasta que un día mi esposo se enojó, los juntó a todos, abrió la puerta y se los tiró a la calle. Fue la forma en que Adrián comenzó a ir afuera a jugar. Muchas veces, cuando no sabemos manejar situaciones, hacemos lo que pensamos que está bien.

Así, en nuestra desesperación, hacemos cosas y no nos damos cuenta de que están mal.

A los seis meses de aceptar a Cristo, fui a visitar a mi papá; porque antes no había podido. Cada vez que quería ir, mi esposo se paraba en la puerta y me decía: "Elegí: a la casa de tu papá o a tu iglesia con los locos aleluya". Entonces, yo me encerraba en mi cuarto y le decía al Señor: "Mirá lo que me pasa". Le pedía que se sentara en mi cama, que yo quería hablar con Él por lo que pasaba. Y me ponía a gritar. Claro, pensaba que Dios era sordo o que no me iba a escuchar. Mis hijos se sentaban en el pasillo y entre ellos hablaban, decían: "Mamá está hablando con el Señor". Pero el día que fui a ver a mi papá, él me llevó afuera. Mi papá tenía un lugar en su patio. Me llamó y me dijo: "No podés venir más acá, porque sos de mala influencia para esta casa; estás muerta y enterrada". Me fui con mis hijos; llegué a mi casa y me encerré en el baño con la Biblia y dije: "Si está acá, es lo que me tiene que pasar"; abrí en el Salmo 27:10: *"Aunque mi padre y mi madre me dejaran, con todo, Jehová me recogerá"*.

Pero yo sabía que mi papá hacía cosas raras, brujerías, así que antes de irme de su casa, le había dicho que le iba a quitar a todos mis hermanos, uno por uno. Porque el que estaba conmigo era más *poderoso* que el que estaba con él.

> ¿Qué, pues, diremos a esto? Si Dios es por nosotros, ¿quién contra nosotros?
>
> –Romanos 8:31

No entendía mucho; solo sabía que lo había leído. Pero estaba decidida a seguir este camino, no importaba el costo. A veces, mi esposo se ponía a escuchar música de rock pesado, y yo me paraba y le decía: "Bajale el volumen". Pero él se lo aumentaba. Un día, me cansé, me paré frente al televisor, y le dije: "Se lo bajás o se rompe". Como no me hizo caso, yo dije: "En el nombre de Jesús" y puse las manos en el aparato. Empezó a salir humo, porque saltaron los tapones de la luz. Él me decía: "Estás loca; hacé que vuelva la luz".

Muchas veces, llegaba de la iglesia a las once o doce de la noche, y él me decía: "Hacé ñoquis". Yo siempre le dejaba comida hecha, pero nunca supe si la comía; porque cuando llegábamos de la iglesia tenía que hacer comida nuevamente. Yo decía en mi mente: "Me quiere robar la bendición". Entonces, me ponía a alabar a Dios. Cantaba mientras cocinaba: "Te doy gracias por todo lo que haces y todo lo que harás".

Muchísimas veces comimos a la una o dos de la mañana; los llamaba "ñoquis con lágrimas".

Cuando ayunaba, él me observaba que no había comido; entonces, me seguía con el plato de comida, y me decía: "Comé, porque cuando te desmayes y quedes tirada, no te voy a llevar al hospital". En mi mente, yo pensaba: "diablo roñoso, ¿cómo sabe que estoy ayunando?".

> Lloré afligiendo con ayuno mi alma, y esto me ha sido por afrenta.
>
> –Salmo 69:10

Mi arma siempre es la adoración; en los momentos más difíciles, voy a mi cuarto con mi grabador, mi música. No sé cantar, pero aprendí a alabar en todo tiempo, y simplemente lo aplico.

Cuando Adrián tenía trece años, venía Marcos Witt de visita a Comodoro Rivadavia. ¡Estábamos tan contentos! Era la primera conferencia a la que iba a asistir porque, como mi esposo no entendía, me encerraba con llave para que no fuera a la iglesia; pero nosotros salíamos por la ventana, con ayuda de mi vecina, mi querida Mary. Un día se rompió el vidrio, y no le dije nada para que –según yo pensaba– eso no me robara la bendición. Así estuvimos sin vidrio como seis meses; el Señor cuidaba nuestra casa. Después no quiso comprarme ropa. Pero eso tampoco apagó mi amor por mi amado Salvador. Fui con la misma falda y las mismas botas por un año.

> Una cosa he demandado a Jehová, esta buscare; que esté yo en la casa de Jehová todos los días de mi vida, para contemplar la hermosura de Jehová, y para inquirir en su templo.
>
> –Salmo 27:4

Mi esposo comía con mis hijos en la sala, y yo en la cocina. Por mucho tiempo él dormía de día y yo de noche; fueron unos seis meses. Pero yo estaba segura de que Dios, mi amado Señor, estaba conmigo, y tenía que ganar esa batalla.

Dios estaba formando a la nueva criatura, rompiendo a la vieja Marta y haciendo una nueva, según 2 Corintios 5:17: *"De modo que si alguno está en Cristo, nueva criatura es; las cosas viejas pasaron; he aquí todas son hechas nuevas"*.

Se acercaba la visita de Marcos Witt. Yo le decía a mi esposo todos los días: "En marzo no voy a estar". Empecé a decírselo en el mes de septiembre, para no tener problemas. Y llegó el día tan esperado.

Desde el 29 hasta el 31 de marzo, salía de mi casa a las cuatro de la mañana para poder encontrar un buen lugar en la conferencia. Estábamos de regreso a las doce y media de la noche; pero no importaba porque valía la pena.

El 1° de abril llego a mi casa después de trabajar (en ese tiempo, vendía ropa) y mi esposo me lleva al cuarto. Pensé que me iba a regalar algo, porque en marzo habíamos cumplido dieciocho años de casados… Pero no. Me puso en un bolso la ropa y me dijo: "Te vas de mi casa". Y antes de que yo pudiera decir algo, me sacó del brazo por el pasillo, diciendo: "No te quiero; cambiaste. La Marta con la que me casé ya no está". Hizo que me despidiera de mis hijos en la cocina. Yo no pude decir nada, porque pensé: "Si digo algo, puedo lastimar el corazón de los niños". Y les dije: "Su mamá se va de la casa; despídanse". Abracé a mis hijos haciendo un esfuerzo tremendo para que no me vieran llorar. Adrián me dijo: "Mamá, andá tranquila; yo sé que vos elegiste al Señor. Yo voy a cuidar a mis hermanas".

Mi esposo me dio la opción de elegir: la iglesia o ellos. La condición era que no pisara más la iglesia; si no, me tenía que ir. Yo le decía que la iglesia era todo para mí: respiraba, vivía; todo lo que necesitaba era el aliento de vida que respiraba allí; que esta nueva Marta era mejor.

Me abrió la puerta, me sacó afuera y cerró con llave. Salí con dos bolsos de ropa en mis manos. Me quedaba sin hijos y sin casa. Comencé a caminar hasta llegar al final de la cuadra. Allí levanté mis manos, di un grito mirando al cielo y le dije al Señor: "Siempre te he elegido a ti" (para entonces, ya mis hijos no tenían tíos ni abuelos; porque éramos cristianos). Entonces, escuché una voz: "¡Marta!". Miré para atrás; era mi esposo que me llamaba. Y comenzamos de nuevo, con una esposa cristiana, lavada por la preciosa sangre de Cristo, que le dijo sus condiciones: me quedaba, pero los martes tenía oración; los miércoles, reunión de mujeres; los jueves, célula, y los domingos, el servicio de la iglesia. Y él aceptó.

Después de esto, quedé embarazada nuevamente, y nació Antonela, otro hermoso regalo de Dios.

> Bendice, alma mía, a Jehová, y bendiga todo mi ser su santo nombre.
>
> —Salmo 103:1

> Por tanto, a ti cantaré, gloria mía, y no estaré callado. Jehová Dios mío, te alabaré para siempre.
>
> –Salmo 30:12

Cuando mi papá me echó de su casa, les ordenó a mis hermanos que ninguno me visitara: ellos también tuvieron que decidir entre mi papá y yo. Por ese motivo, a ellos tampoco los veía. Fueron muchos años de pasar días de la madre y del padre, solos en mi casa. Siempre digo que si hubiera sabido que el Señor nos sacaría de la Argentina, no hubiera llorado lo que lloré.

> Por la noche durará el lloro, y a la mañana vendrá la alegría.
>
> –Salmo 30:5

Pero todo pasa con un propósito en Dios: *"Quien hace mis pies como de ciervas, Y me hace estar firme sobre mis alturas"* (Salmo 18:33). Ya estábamos un poco más tranquilos, cuando a mi esposo se le pone en el corazón venir a los Estados Unidos. Fui a hablar con mi pastor Hernán Pérez, un pastor lleno de sabiduría de Dios, que me dijo: "Vamos a orar". Había una convención de mujeres en Bariloche, y yo fui. Nunca me olvidaré de una hermana que era de Finlandia; a ella el Señor la había llevado a Uruguay a pastorear. En esta oportunidad, trajo una alabanza, que hablaba de que su voluntad era rota, decía: "Como una vasija rota sin servir…". Esa mujer nunca sabrá lo que significó para mí aquella alabanza: marcó mi vida. Cuando llegué de regreso, mi esposo ya tenía los pasajes para salir el 29 de mayo; él viajaba con otro hombre.

Llegó la fecha, y mi esposo salió para los Estados Unidos. Nos hicimos un compromiso: que si no volvía en seis meses, yo me iba para allá. Fueron los meses más tremendos para mí. Cuando mis hijos se acostaban, yo me tiraba en el piso de la cocina y le decía a mi Dios: "Si tu presencia no va conmigo, no me saques de este lugar; si no es tuyo, cierra todas las puertas". Le pedí señales a Dios, como Gedeón; quería estar bien segura de que era Dios mismo quien nos sacaba de la Argentina.

> Para que Jehová tu Dios nos enseñe el camino por donde vayamos, y lo que hemos de hacer.
>
> –Jeremías 42:3

A los seis meses, viajé con mis hijos a Tampa, Estados Unidos. Era el año 2000.

Pero le hice prometer a mi esposo que me dejaría servir al Señor con libertad. Me contestó que había ido a ver al pastor del barrio, y me estaban esperando. Yo me profeticé sola; dije: "Voy a ser la mujer más feliz de Tampa. Voy a predicar, a andar calle arriba y calle abajo, llevando las buenas nuevas".

Nadie me vino a despedir; solo dos hermanas: Hilda y Claudia. Dejé mi casa con todos los muebles adentro, y le agradecí a Dios por el tiempo que habíamos vivido y cómo había aprendido a buscar la presencia del Dios todopoderoso en ese hogar. Viviendo en esa casa, conocí al Señor.

Nos tomamos de las manos, haciendo un círculo con mis hijos, y oramos por lo que dejábamos. Salimos solo con cuatro maletas de ropa, confiando en nuestro Señor. Él nos estaba sacando de nuestra tierra, y éramos obedientes.

Salimos de Comodoro Rivadavia, mi querida Argentina. Cuando me senté en el avión, sentí como que algo se había desprendido dentro de mí y cayó, como si me hubieran cortado con una tijera. Empecé a orar, a decir: "Señor, no me puede pasar nada, porque voy sola con mis hijitos". Y escucho una voz que me dice: "Te saco el amor por tu tierra". El 24 de noviembre salimos y el 26 llegamos a Tampa. Hice lo posible para que me cambiaran los boletos para después del 11 de diciembre, que iba a ser la inauguración del Tabernáculo de la Fe en Comodoro Rivadavia; pero no se pudo. Ese día lloré, porque me acordaba de lo grande que era ese templo y de lo que significaba para el pueblo de Dios. Cuando pasaba cerca, me detenía; lo contemplaba y levantaba mis manos al cielo dando gracias a Dios por la obra maravillosa, por los hermanos que llegarían a esa casa para ser salvados, sanados, restaurados, y todo lo que sabía que allí pasaría. En ese momento, solo había quedado una hermana mía en la iglesia.

Para la gloria de Dios, hoy no solamente están mis hermanas, sino muchos de mis sobrinos sirviendo a nuestro amado Señor y Salvador.

Gran parte de mi familia convertida al Señor.

Con Mina, mi amiga de toda la vida.

5

Llegamos a Estados Unidos, a una casa que tenía una mesa, cuatro sillas, un televisor chico y las camas. Eso era todo lo que había; parecía muy grande la casa, porque estaba sin muebles. En la Argentina quedaba la nuestra con todo. Lo primero que hice, cuando llegué a la casa que estaba rentando mi esposo, al otro día a la madrugada, fue salir a la puerta y levantar mis manos al cielo en señal de agradecimiento a mi Padre amado.

Cuando Dios nos llama, las cosas materiales no tienen importancia.

Antes de viajar hacía la oración de Moisés: *"Si tu presencia no ha de ir conmigo, no nos saques de aquí"* (Éxodo 33:15). Ahora que ya estábamos en Estados Unidos, buscamos una iglesia a la que pudiéramos ir. Había una cerca de casa, donde nos estaban esperando, y empezamos a asistir. Una noche, fuimos con mi esposo a comprar, y cuando volvíamos, el auto no arrancaba. En ese momento, yo pensé: "Mis hijos están solos en casa, Señor". Luego, puse las manos en el volante, oré y le dije a él: "Ahora va a arrancar; poné la llave".

Y llegamos a nuestro hogar. Todo en nosotros era a base de oración. Eso no ha cambiado.

Luego hablamos con el pastor para que nos dejara limpiar la iglesia; queríamos servir al Señor; de esa manera habíamos sido enseñadas. Limpiábamos con mi hermana Chany y sus hijitos Bruno y Marcos. Ella había venido a visitarme al año de haber llegado a Tampa. Mientras nosotras limpiábamos, los varones tocaban los instrumentos. Agradezco al Señor por ese tiempo precioso que me regaló con ellos; porque yo siempre supe que ella no se iba a quedar a vivir en Estados Unidos.

Un día, mi hermana empezó a gritar en su cuarto (porque estaba en mi casa con sus hijos). Yo entré y vi a mi sobrino Marcos sin respirar. Lo agarré en mis brazos, lo saqué al patio, lo levanté y dije: "Señor, yo no sé la vida de mi hermana contigo, pero tú conoces la mía. ¡En el nombre de Jesús, sopla vida!". Y él volvió a la vida. Se lo di a mi hermana; le dije: "Esto es servir a Cristo".

> El espíritu de Dios me hizo, y el soplo del Omnipotente me dio vida.
>
> –Job 33:4

> Jesús le dijo: Si puedes creer, al que cree todo le es posible.
>
> –Marcos 9:23

Queríamos servir a nuestro Dios de alguna forma. Era hermoso ver cómo dejábamos reluciente la casa del Señor.

Mientras limpiábamos, orábamos y alabábamos a nuestro Dios. La iglesia nos había recibido con los brazos abiertos.

Acompañábamos al pastor en las oraciones de las cuatro de la mañana con mis sobrinitos; ellos dormían en los bancos de la iglesia. Un día le dije al pastor que me diera permiso para levantar un grupo de mujeres para orar en las casas. Y me dijo que no, porque ahí no se trabajaba así; que yo tenía que trabajar para ayudar con las finanzas en mi casa, y que así era el sistema.

Porque a los tres meses de llegar de la Argentina, mi esposo se accidentó y no podía trabajar. Pero yo tenía bien en claro que el Señor no me había mandado a hacer ese tipo de trabajo.

Empezamos a vivir por fe; mi esposo accidentado sin poder trabajar y yo sirviendo al Señor. Él tenía un compañero mexicano, que había conocido donde había estado viviendo: él venía con pizzas y gaseosa para mi casa, y yo llegaba de la oración. Hace mucho tiempo que no sabemos nada de él. Fue la persona que Dios usó a nuestro favor; una de las tantas que pasaron, enviadas por Él para ayudarnos, como a Elías, a quien los cuervos le llevaban pan y carne por la mañana y por la tarde, y bebía del arroyo[5].

Con mi esposo decidimos que a todos los argentinos que vinieran los íbamos a ayudar.

Él los llevaba a sacar la licencia de conducir, y yo acompañaba a las mamás a la escuela y les presentaba a la maestra que hablaba español. Ese primer año, pasamos la Navidad con los hombres que estaban solos, porque sus familias aún no habían llegado.

5. 1 Reyes 17:6.

El segundo año ya estaban sus familias; pero yo llamé a otros siete que estaban solos y los invité a pasar Navidad, sin conocerlos. Solo sabíamos que eran argentinos. Eso era suficiente para nosotros; no queríamos que nadie estuviera solo.

Le enseñé a mi esposo que eso era el amor de Dios en nuestras vidas. Mi casa se llenó de gente; la llamaron "embajada de los argentinos".

Todas las semanas llegaba alguien de la Argentina. Había una compañía que hacía viajes de Miami a Tampa. El chofer ya nos conocía; hablaba con mi esposo para decirle cuántas personas llegarían a mi casa. Yo preparaba comida para ellos.

Una vez, vinieron dos familias, y esperábamos a una sola. Recuerdo que no tenía para darles de comer a todos. Pero mientras cocinaba, oraba a mi Padre celestial y le decía: "Multiplica, Dios". Ese día comieron diecinueve personas en mi casa. Vi una vez más la mano poderosa de nuestro Dios; vi cómo se cumple su Palabra cuando oras con fe; la multiplicación del pan y los peces se hace real, por cuanto has creído[6].

Tenía un cuaderno donde anotaba a cada persona que llegaba. Cuando escribí el número 38, ya habían pasado treinta y ocho familias a las que nosotros habíamos atendido. A partir de ese número, dejé de anotarlas; simplemente, llegaban. Yo cuidaba a los niños de las familias mientras ellos salían adelante, sin cobrarles. Yo solo les decía: "Acuérdense de que los ayudó una mujer cristiana, nada más". Les enseñé que eso es el amor de Dios, como hicieron conmigo.

6. Mateo 15:33-37.

> Cada uno dé como propuso en su corazón: no con tristeza, ni por necesidad, porque Dios ama al dador alegre.
>
> –2 Corintios 9:7

Este versículo se aplica para las ofrendas; pero entendí que puede darse ayuda, que es lo importante que se necesita en ese tiempo. No siempre será dinero.

A los dos años de estar acá, a mi hijo Adrián le detectan un tumor en el cerebro. Los médicos dijeron que ese tumor le sale a uno de cada cien jóvenes. Dios estaba trabajando en la vida de mi hijo, y tenía que aceptarlo. Muchas veces le pedimos al Señor que vuelvan al camino, y pensamos o imaginamos cómo van a venir. Aprendí que tiene que ser según su voluntad, no la mía.

Le dieron la noticia justo para su cumpleaños: el 22 de marzo, cumplía veinte años. Y me dijo: "Mamá, estoy cansado de darte tanto dolor; mejor me hubiera muerto". En ese momento, me acordé de 1 Crónicas 4:9: *"Jabes, el hijo de mi dolor"*.

Gracias a Dios, que nos pone en nuestro camino a las personas o esos ángeles llamados personas. Él estudiaba inglés con un profesor llamado Mister Davison. Él nos ayudó mucho con los médicos que conocía.

Volvían los médicos, los pasillos de hospital; ese lugar del que ya nos habíamos olvidado, que nos traía malos recuerdos. *"De modo que si alguno está en Cristo, nueva criatura es; las cosas viejas pasaron; he aquí todas son hechas nuevas"*, dice 2 Corintios 5:17, pero los recuerdos quedan en nuestra memoria, como digo yo: "En el disco duro". Cuando parece que te olvidaste de un edificio que se llama hospital, que fue por largo tiempo el hogar en el que viviste buena parte de tu vida, puedo asegurarte que hasta el olor se recuerda.

Pero cuando llegamos a los Estados Unidos, Adrián no iba a la iglesia; ya había dejado de ir en la Argentina. En ese tiempo, no le gustaba nada; si yo escuchaba alabanzas o prédicas, le molestaba. Un día cansó tanto a mi esposo, que él abrió la puerta y le dijo: "Vete de nuestra casa; deja tranquila a tu madre". Estaba muy enojado con Dios. Pero yo seguía orando. A una reunión en la iglesia vino un pastor invitado, que se bajó del altar y me dijo: "Tienes en tu casa una persona que te hace la guerra, y yo la voy a quebrar". Entendí que era Dios quien hablaba. Y pensé: "Dios va a hacer algo en la vida de mi hijo". Dios me estaba avisando, preparándome. Yo ayunaba y oraba. Fueron tiempos fuertes.

> He aquí, herencia de Jehová son los hijos; cosa de estima el fruto del vientre.
>
> —Salmo 127:3

Cuando llegamos a Tampa, todos los miércoles venían a mi mente las reuniones de los miércoles con mis amadas hermanas; entonces, yo me encerraba en mi cuarto y hacía las reuniones sola, desde las tres hasta las cinco. Y pensaba: "Ahora deben estar leyendo la Palabra o cantando coros.

Un día, mientras llevaba a mi hija Anto a la escuela, estaba cruzando el parque mirando al cielo y le dije a Dios: "Estoy tan sola…". Entonces, escuché una voz que me dijo "No": "¿No aprendiste en la Argentina que te saqué de tu tierra y de tu parentela?". Caí de rodillas y le pedí perdón a Dios ese día. Pero cada miércoles lloraba. Para mí, era tremendo; y no extrañaba a mi madre o a la familia. *No extrañas lo que no has tenido.*

Era tal mi estado de ánimo que mi esposo me quería mandar de regreso para la Argentina. Pero yo le dije que Dios me había traído, y que me diera tiempo, porque esto iba a pasar. Oraba por mis hermanas de allá, y le decía al Señor: "Me rehúso a quedarme sentada en una iglesia". Mi esposo me llevaba a la iglesia; trataba de ayudarme, pero yo estaba adelgazando mucho. Él me decía: "Estudiá". Empecé a estudiar para asistente de enfermería. Luego comencé a ir al Instituto Bíblico; estudié consejería espiritual, y también para maestra de niños. No sabía que Dios estaba usado a mi esposo para que me aconsejara, a fin de tener la preparación para servir mejor.

¡Cómo hace Dios las cosas! El hombre que en la Argentina nunca me dejó servir a Dios, acá era mi mejor aliado; el que me estaba empujando para todo lo que iba a venir.

> Pacientemente esperé a Jehová, y se inclinó a mí, y oyó mi clamor.
>
> –SALMO 40:1

En ese tiempo, vino una hermana a invitarme a otra iglesia. Cuando llegamos, nos dimos cuenta de que era casi igual a la que habíamos dejado en la Argentina: mis hijas dijeron: "Nos quedamos acá", y hasta hoy estamos sirviendo al Señor en esa casa.

La congregación comenzó hacer los preparativos para la convención. Nosotras íbamos todos los jueves a orar a la iglesia; el pastor nos pasaba a buscar; pero, con los compromisos del evento, ya no podía venir por nosotras. Una hermana nos llevaba; le pagábamos el gas $ 20; también iban otras hermanas nuevas, pero mi hermana Chany y yo ayudábamos a las demás. Por entonces, el gas salía $ 1; era barato, pero nosotras no lo sabíamos, y esa hermana nos llevó durante un año.

En ese tiempo, se me desvía la cadera. Caminaba rengueando; tenía un dolor tan grande que, cuando me arrodillaba a orar, después no podía pararme. Demoraba como quince minutos para meterme en el auto y otros quince para bajarme. Como no podía subirme a la van, el vehículo de la iglesia, mi hijo me subía en brazos. El pastor me decía: "Hermana Marta, vaya al médico". Pero no teníamos seguro médico.

Si yo decía que mi Señor era mi sanador, *lo tenía que vivir*. ¡Qué triste es cuando no te pueden entender y te ponen de sobrenombre "la hermana de la súper fe".

Hasta que un jueves, orando en el altar, el Señor me tocó con su sanidad divina. Fueron siete meses que estuve así. El Señor una vez más hacía un milagro, sanándome. Tengo de testigos a mis amadas hermanas Alejandra, Carina y Sandra. Porque muchas veces la gente no cree, y para eso están los testigos (Hechos 1:8).

Después empezó a llevarnos la hermana Cari; y como ella no tenía licencia de conducir, íbamos orando y llegábamos a la iglesia a orar. La oración era más que parte de nuestra vida: era depender totalmente. El pastor se enteró de que ninguna de nosotras tenía licencia, y entonces ya no podíamos ir a la iglesia. Le pedí permiso para reunirnos en las casas a orar, y él me dijo que sí. Nos reuníamos cada jueves en una casa distinta.

Un día, me entero de que había una hermana que está internada, y comienzo a llamar a las que podían llevarme para hacerle una visita, pero nadie pudo. Sentí desesperación. No sabía dónde estaban sus niñitos, porque ella era colombiana y estaba sola acá. Me puse a caminar en mi casa; le decía a Dios: "¿Qué hago? ¿Cómo voy? Dime, Señor". Después de estar así dos horas y algo más (porque perdí la noción del tiempo), el Señor me dijo: "¿Qué tienes en la mano?". Miré lo que tenía: era el teléfono. Me dijo: "Esa es tu arma". Desde ese día, ha sido mi mejor arma, claro, después de la Biblia.

> Todo lo que te viniere a la mano para hacer, hazlo según tus fuerzas; porque en el Seol, adonde vas, no hay obra, ni trabajo, ni ciencia, ni sabiduría.
>
> –Eclesiastés 9:10

La Biblia también dice: "*... sobre poco has sido fiel, sobre mucho te pondré...*" (Mateo 25:23).

¡Quién podría pensar que así empezó lo que hoy es el ministerio de Mujeres sin Fronteras! Dios obra por senderos misteriosos. La hermana Teresa y yo nos juntábamos a orar; vivíamos en el mismo barrio y éramos argentinas. Empezamos a orar por nuestro barrio, y pusimos en un cuaderno el nombre de todos los argentinos que estaban viviendo en él; pero no sabíamos que había personas de muchas más nacionalidades.

> ... si dos de vosotros se pusieren de acuerdo en la tierra acerca de cualquiera cosa que pidieren, les será hecho por mi Padre que está en los cielos.
>
> –MATEO 18:19

Una mañana, orando en la casa de la hermana Teresa, golpean a la puerta. Era una mujer que preguntó: "¿Puedo pasar?". La hicimos entrar y le dijimos: "Estábamos orando por ti". Aceptó a Cristo como Señor y Salvador. Después de un año, nos cuenta que ella estaba en su casa y, de repente, salió con su bebé y empezó a caminar envuelta en una nube que la cubrió hasta la casa donde estábamos orando. Vimos y experimentamos el poder de la oración. Esa mujer era Alejandra: hoy, una tremenda mujer de Dios.

Fue durante el proceso del tumor de Adrián que comenzó lo que hoy es el ministerio de Mujeres sin Fronteras.

Cuando teníamos que salir de compras, debíamos dejar a alguien para que lo mirara, porque le sangraba la nariz. En la Argentina, mi sobrina había tenido el mismo problema, y le quemaron la venita, y eso fue todo. Pero con nosotros no era lo mismo.

Otra frase que siempre digo es: "Dios abrió el avión, tiró a Marta y dijo: Ahora seremos tú y Yo".

Un día, orando en la vigilia de los viernes –en las que nos quedábamos un grupo intercediendo; esas vigilias eran tremendas y deseábamos con tanto anhelo, y sin importar la hora a la que nos habíamos levantado, igual nos quedábamos–, veo cómo un rastrillo grande pasaba por mi casa, y dije: "¡Dios mío! ¡Dios mío!". Porque ya estaba sintiendo lo que iba a venir, solo agregué: "Dios sea glorificado".

Los médicos nos dijeron que el tumor estaba en el cerebro y en la cara, del lado del ojo derecho; que no había muchas esperanzas de que saliera bien; pero que iban a hacer lo posible para que quedara bien, porque era joven.

Comenzamos con el proceso de Adrián. Lo internaron para operarlo dos veces. Dios ya me había revelado cómo lo íbamos a ver: todo lleno de mangueras. Lo operaron y quedó en terapia intensiva unas horas. Cuando lo pasaron a una sala para que estuviera con él, veo a mi esposo detrás de mí; nos quedamos parados los dos mirando a nuestro hijo cómo estaba: con la cabeza rapada, y en la frente y en la cara tenía ganchos, con los que habían hecho los puntos; tenía cincuenta y seis en la cara y cincuenta y ocho en la cabeza.

Tengo una alabanza que dice: "Si tu prueba es grande, tu victoria será grande". Y esa alabanza marcó algo en mi vida; porque en los momentos más difíciles me aferro a la Palabra y a la adoración. Aprendí a alabar en todo tiempo, como dice la Escritura: *"Bendeciré a Jehová en todo tiempo; su alabanza estará de continuo en mi boca"* (Salmo 34:1).

Adrián me decía: "¿Cómo podés estar tan tranquila, conmigo así?". A él se le caía la comida de la boca; tenía que comer todo picado o molido.

Estuvo dieciocho días internado, luego de las operaciones, hasta que lo llevamos a casa.

Un día de esos en que Adrián estaba internado, llegó René Gonzales para dar un concierto. Fuimos con mi hija Nany; mi esposo se quedó a cuidar a Adrián, y mis otras hijas se habían quedado en casa con mi hermana. Yo estaba sirviendo como ujier en ese evento, porque aprendí que por lo que pases no dejás de servir al Señor: el espíritu de servicio nace y muere contigo una vez que te rendiste a Dios.

Ese día, yo estaba en el segundo piso, y mientras él alababa, se detuvo y dijo: "A ti, mujer". Yo dije: "Me está hablando a mí". No sé cómo hice para llegar frente a él, pero el pastor David, que estaba al lado de él, oró por mí y me dijo: "Porque nunca me lo negaste, te lo devuelvo". Entendí que era Dios hablándome.

Cuando salimos del concierto, nos dimos cuenta de que no sabíamos dónde estábamos, porque hacía solo dos años que habíamos llegado y no conocíamos todavía. Pero gloria a Dios que, mientras nosotras mirábamos donde estábamos, una hermana que no conocíamos, llamada Brenda, nos miró y nos dijo: "¿Adónde van?". Le contamos que mi hijo estaba en el Hospital Tampa General, y muy amablemente nos llevó hasta allí. Nunca nos olvidaremos de ella.

Tú no sabes lo que una persona puede ayudarte; ella fue otro ángel que el Señor nos mandó.

Pero los médicos nos aclararon que no le quisieron tocar mucho detrás del ojo, porque, si lo tocaban, las consecuencias serían muy graves.

En ese tiempo, mi esposo estaba accidentado; mi hijo, recién operado, y yo, sirviéndole al Señor con las hermanas, orando. Sin duda, Dios tenía un plan, un propósito, porque la Palabra dice que *"... a los que aman a Dios, todas las cosas les ayudan para bien"* (Romanos 8:28).

El Señor estaba trabajando no solamente en mi vida, sino también en la vida de mis hijos. Ellos también tenían que aprender que, cuando amamos a Dios, debemos caminar; seguir adorando, glorificando y alabando a nuestro Rey.

Pasamos por ese proceso durante tres años y ocho meses, en el que cada vez yo me internaba con él. En cada operación veíamos la *mano poderosa* de nuestro amado Señor.

Mi oración era "Sostennos, Señor, para pasar al otro lado; solo sostennos". Porque pensé que no podía: mis fuerzas no me daban. Pero las de mi Padre celestial estaban inundándome, trayendo fuerzas nuevas cada mañana.

> Él da esfuerzo al cansado, y multiplica las fuerzas al que no tiene ningunas.
>
> –Isaías 40:29

Pude experimentar la presencia del Dios *fiel* y *verdadero* cuando llenaba esa habitación del hospital. No era lo mismo que habíamos vivido antes; ahora estábamos con el Sanador, el Salvador.

El *Todopoderoso*, aquel que nos sanó y libertó nos daba paz para seguir. Yo trabajaba de ujier en la iglesia; entonces, mi paseo era del hospital a la iglesia; mis hijas se quedaban en casa.

Después de que Adri salió del hospital, del proceso de las operaciones, tuvo que ir cada seis meses para hacerse los estudios, siempre esperando que el tumor no volviera a aparecer. Aprendimos a descansar en Dios; lo hacíamos como si fuera algo común, pero tuvimos que aprender.

Comienzo del ministerio Mujeres sin Fronteras.

Mujeres sin Fronteras en la actualidad.

6

Es tremendo cómo el Señor moldea muestro carácter, en procesos y dificultades. No me daba cuenta. Yo decía: "Estoy en la Universidad de Cristo". Después entendí que cuando estás en la universidad, las materias son más difíciles que en la escuela, y cambié mi manera de hablar. En la Argentina yo decía: "Estoy en la escuela de Cristo".

El Señor me empezó a traer hermanas. Con cada una era una experiencia diferente. Un día me mandó a llamar una hermana, Lupita. Yo no la conocía, pero sabía que estaba en una situación difícil. Llegamos con la hermana Wanda a orar, y el Señor me dice que la tome a ella como punto de contacto por una persona que estaba enferma en México, con sida; era su hermano José, a quien los médicos le habían dado tres semanas de vida; a él lo cuidaba su hermana, que era monja. Esa noche, Dios hizo el milagro en la vida en José: lo sanó; él se convirtió al Señor y también su hermana monja. Vimos la mano poderosa de nuestro amado Señor y Salvador.

Luego llegó a la reunión otra hermana, Elisa, que tenía a su amiga internada y estaba mal. Entonces, vinieron sus hijos de Cuba. Fuimos a hacerle una visita al hospital. Yo le dije:

–¿Usted cree que Dios puede levantarla de esa cama?

Ella dijo:

–Sí.

–Como creíste, te sea hecho[7].

Al otro día, me llamaron porque le habían dado el alta. Fuimos y le compartimos el plan de salvación: ella, su esposo y sus hijos aceptaron a Cristo. Soy una agradecida al Dios todopoderoso.

Hoy ya he pasado mucho tiempo sirviendo a mi Rey, mi amado salvador, Aquel que me levantó, me rescató, sanó, liberó. Y puedo decir: "Con Cristo, *todo es posible*.

La Palabra nos enseña a dar por gracia, lo que por gracia hemos recibido (Mateo 10:8). Ya hace dieciséis años que estamos en los Estados Unidos, lugar donde me trajo el Señor para servir, no porque yo haya querido, sino que fue Él quien nos trajo. Cuando se levanta el mar, las tormentas de las adversidades, solo le digo: "Recuerda, Señor, tú me trajiste; recuerda mi oración cuando estaba en la Argentina". Solo le recuerdo al Señor mi oración.

Cuando parece que tu oración no llega a los oídos de Dios, Él está tan cerca de ti que lo sientes; esas caricias son de Él.

Dios tiene un propósito con cada vida que llama a su servicio, que le dijo al Señor: *"Heme aquí, envíame a mí"* (Isaías 6:8). Cuando hacemos lo que otros no hacen, somos criticados y juzgados. Un siervo de Dios, un pastor del Perú, que tuve oportunidad de conocer, me dijo que tenemos que tener

7. Mateo 8:13.

la piel del rinoceronte, una piel tan dura que los dardos no pueden atravesarla; las plumas del pato, que se moja y sacude sus plumas para que caiga toda el agua; las fuerzas del búfalo, para volver a levantarnos cuando nos tiran al piso; la visión del águila, para ver lo que se nos viene, y estar preparados.

Pero no nos dejan hablar; dicen: "No es de Dios". Sin embargo, él en su Palabra dice: *"Clama a mí, y yo te responderé, y te enseñaré cosas grandes y ocultas que tú no conoces"* (Jeremías 33:3).

Me he preguntado muchísimas veces por qué, cuando Dios revela las cosas que están pasando, algunos quieren hacer oídos sordos. Entonces, ¿dónde queda este versículo? Porque fue Dios mismo quien le dijo esta palabra al profeta.

Hoy están pasando tantas cosas que muchas veces da pena. Pero dice la Palabra que Dios *"no tendrá por inocente al culpable"* (Nahúm 1:3).

Nosotros tenemos una encomienda de predicar a Cristo, Rey y Señor, al salvador del mundo. Mateo 28:19 dice: *"Por tanto, id, y haced discípulos a todas las naciones"*. Esa es nuestra comisión como hijos de Dios.

Dios trabaja en nuestras vidas; nos llama, nos capacita, nos envía y, si estamos dispuestos, Él hace.

Después llegó mi hermana Carina. Íbamos a la iglesia orando y volvíamos orando. Era una aventura ir a orar a la iglesia. Ya no éramos dos: ahora éramos seis hermanas, y todo el tiempo veíamos cómo nuestro buen Dios nos protegía y cuidaba; era todo el tiempo una realidad en nuestras vidas.

> Invocaré a Jehová, quien es digno de ser alabado, y seré salvo de mis enemigos.
>
> –SALMO 18:3

Pero algo faltaba en mí; no estaba conforme con solamente las reuniones de hermanas. Le pedí al Señor que me enviara una hermana que amara las almas, que fuera como yo; y fue igual a mí: no tenía auto... Debemos pedir específicamente lo que necesitamos.

Era tanto el deseo de servir a Dios, el amor por las almas que orábamos y salíamos con mi amada hermana Alejandra a hacer visitas. Yo no sabía andar en ómnibus o colectivo; ella tenía problemas con la vista; no veía el nombre de las calles, pero su esposo, desde otro estado donde estaba trabajando, nos guiaba por el teléfono. Y así llegábamos a hacer la visita.

Todo el tiempo vimos la mano poderosa de Dios. Él solo necesita vidas dispuestas.

Llegábamos a los hogares donde había necesidad, a los hospitales. Luego ella se fue a rentar otra casa más lejos. Pero Dios ya tenía otros planes: me envió una hermana con auto; habíamos subido de nivel: ahora llegábamos más lejos. ¡Gloria a Dios!

¡Qué bueno es aprender a esperar en Dios, y cómo cuesta! La Palabra dice que *"Todo tiene su tiempo"*.[8]

---

8. Eclesiastés 3:1.

Ya llevábamos tres años con el ministerio Mujeres sin Paredes, ayudando a otros siervos de Dios. Un día, en la reunión, le digo al Señor: "Me dijiste que me llevarías a las naciones, pero no tengo papeles. ¿Cómo voy a ir? En la reunión, estaba la hermana María, de México; Evelyn, de Cuba; Ana, de Puerto Rico; Súyapa, de República Dominicana; Elena, del Ecuador; Carina y Alejandra, de la Argentina; Irma, de Guatemala; Eva, del Perú; Ruth, de Chile; Diana, de Colombia. Y el Señor me dice: "Acá están las naciones".

Oré mucho tiempo diciéndole al Señor que Él me había traído a la tierra de la que fluía leche y miel y quería ser de bendición para otros. Busqué y toqué muchas puertas para poder enviar para mi querida Argentina, pero no se pudo.

Fui a la casa de la hermana con la que orábamos; hacía ya hacía tres años que estábamos orando, y llega un misionero de Mozambique: Juárez de Borba. Nos contó que allá necesitan carnet o licencia de conducir para usar una bicicleta, porque es su medio de transporte. Y Dios se encargó de abrir otras puertas, así como Mozambique, donde ayudamos al misionero hasta hoy; sabemos cuánto sale abrir un pozo de agua, y hay muchas cosas que hemos aprendido.

Después vino un siervo de España, otro de Cuba, y muchos otros lugares. Cuando amamos las almas, siempre en nuestros corazones estará el deseo de ayudar y de sembrar, porque todo es por amor.

La Biblia dice que Dios es *amor*; pero el amor es acción. Jesús dijo: *"Porque tuve hambre, y me disteis de comer; tuve sed y me disteis de beber; fui forastero, y me recogisteis"* (Mateo

25:35). No es una simple palabra. Hoy soy una mujer agradecida a mi Padre celestial.

Él me enseñó lo que es el amor. Yo les dije a mis hermanas que Dios tiene un sentido del humor tremendo, por cómo me ha levantado para ser mamá espiritual de tantas mujeres, sin yo saber lo que es el abrazo de una madre. Mucho tuve que llorar con mis hermanas pidiendo misericordia porque, a los cinco años de que estábamos en los Estados Unidos, Inmigración entraba a las casas de los argentinos y se llevaba a los hombres; los deportaban, y quedaban solas las mujeres con sus niños. Llamó nuestro pastor y me dijo que nos fuéramos a la iglesia. Pero yo le dije: "Pastor, yo en mi casa oro, ayuno y busco a Dios. Él va a cuidarnos. Ungimos las casas de mis hermanas, oramos y nos quedamos en ellas.

> Porque Jehová pasará hiriendo a los egipcios; y cuando vea la sangre en el dintel y en los dos postes, pasará Jehová aquella puerta, y no dejará entrar al heridor en vuestras casas para herir.
>
> –Éxodo 12:23

Un día, vengo de la escuela de mi hija, y los de Inmigración estaban en el patio de mi casa. Yo le dije al Señor: "Hazme invisible para que pueda entrar en mi casa y ellos no me vean", porque mi esposo estaba en mi casa, mirando por la ventana.

Pero ¡gloria a Dios, que entré en mi casa, y no me vieron aunque pasé delante de ellos!

> Jehová, roca mía y castillo mío, mi libertador: Dios mío, fortaleza mía, en Él confiaré; mi escudo y la fuerza de mi salvación, mi alto refugio.
>
> –Salmo 18:2

Pero el Señor es fiel y nos habla. Un viernes, después de ese proceso, yo estaba ayudando en la ministración, y vino una mano que me empujó hacia adelante, donde estaba la hermana que ministraba. Sin darme cuenta, ella me tomó las manos y empezó a decir: "Entró a las casas como león rugiente, buscándote. Y te buscaba, pero no te encontró porque yo te cubrí, te guardé, te protegí". Me vino el pensamiento de que el enemigo me había enviado a Inmigración. Más claro no podía ser.

> He aquí, yo estoy contigo, y te guardaré por dondequiera que fueres...
>
> –Génesis 28:15

Íbamos a la iglesia orando; regresábamos orando; llegábamos a nuestro hogar y seguíamos orando, ayunando. En cada paso, veíamos la mano poderosa de nuestro buen Dios, cubriendo a cada familia que no conocía al Señor, para que Dios guardara sus vidas protegiendo y cubriéndolas con su sangre preciosa.

El Dios fiel y verdadero cada día se hacía más real en nuestras vidas.

Aprendimos el poder de Dios en todas las cosas. No era de oídas. Como dice Job 42:5: *"De oídas te había oído; mas ahora mis ojos te ven"*. Cuando Dios mismo se hace real en nuestras vidas, podrán venir muchas tormentas, vientos contrarios, traiciones o enfermedades. Pero si estamos tomados de la mano poderosa de nuestro amado, seguiremos hacia delante, sin importar nada. Debemos ser locos por Cristo (1 Corintios 2:14).

Primer reunión con Juárez de Borba, el misionero de Mozambique.

7

En 2004, llegó la hermana Ruby. Hablé con ella de lo que estaba en mi corazón: de ir a los hospitales a visitar a los enfermos, porque empezó a llamarnos mucha gente para que fuéramos a orar. Un día nos llama una familia colombiana. Tenían un niño de diez años al que debían trasladar de hospital para hacerle un injerto en la pierna; se le había incrustado un caño; y no tenía documentos; estaba sin estatus; por eso, se dificultaba el traslado. Pero oramos y le impusimos las manos, creyendo que el Dios del cielo tenía todo el poder para hacer lo que el hombre o las reglas impiden. Los dejamos creyendo en el Dios Todopoderoso. Al otro día, nos llaman diciendo que ya lo habían trasladado y le estaban haciendo el injerto, para la gloria de Dios.

En 2005, el Señor me trae a Ruthy, que viajaba a Miami a lo de su cuñada. Un día, el Espíritu Santo me dice: "Pregúntale si su cuñada te invita a su casa". En mi mente, no entraba ese pensamiento, pero la Biblia dice que sus pensamientos no son los nuestros (Jeremías 29:11). Le pregunté, y a la semana siguiente estábamos camino a Miami. El Señor tenía otra misión para mí: la cuñada de ella era una renegada del Señor: no quería saber nada con Él; era hija de pastores, y se venía escapando del Señor. Pero cuando Dios nos escoge, nunca podremos escaparnos; lo que hacemos solo es atrasar el plan divino.

Llegábamos de Miami los domingos a las cuatro de la mañana, y a las siete estábamos en la iglesia. Fue un proceso; pero ella reconoció que tenía un llamado y que Dios la había escogido desde el vientre de su madre.

Ahora estaban Ruty, Alejandra, Yaky, Delia, Suyapa, Eliana, Nancy, Lorena, Luisa, Carina, Delia, Ana, Delys, Diana, Blanca, Luz, Ángeles, Magaly, Gladys, Anabel, Lizmary y Yazmil.

En el 2007, llegué a la iglesia del pastor David, donde el Señor me unió a trabajar con mi amada hermana Rebeca, que era presidenta de las damas, misionera y consejera, para la gloria de Dios. Sentía tanta carga por cada responsabilidad que había sobre mí que cada viernes que el servicio estaba a cargo de las damas, nos íbamos con mi hermana Rebeca a las tres de la tarde. El servicio empezaba a las siete y media, pero nosotras llegábamos a la iglesia a tirarnos en el altar para orar. Pasábamos horas y horas tiradas hasta la hora del servicio, buscando la dirección y la aprobación de Dios. Muchísimas veces, las hermanas que venían a ministrar no podían hacerlo.

> Y no podían los sacerdotes estar allí para ministrar, por causa de la nube; porque la gloria de Jehová había llenado la casa de Dios.
>
> —2 Crónicas 5:14

Estuve hasta el 2009; luego, el Señor me movió. Él tenía otros planes para mí. No podemos aferrarnos a una posición, porque muchas veces perdemos un tiempo hermoso.

En el 2010, llega al ministerio la hermana Wanda. Con ella tuvimos experiencias tremendas. Uno de nuestros primeros viajes fue a Miami, a una conferencia con el equipo de TV Reino. Pero no llegamos; Dios ya había trazado lo que teníamos que hacer. Nuestros celulares se quedaron sin batería a la entrada de Miami. Nos pusimos a pedirle al Espíritu Santo que nos guiara, como en Hechos 9:11:

> Y el Señor le dijo: Levántate, y ve a la calle que se llama Derecha, y busca en casa de Judas a uno llamado Saulo, de Tarso; porque he aquí, él ora.

Llegamos a una gasolinera, y el hombre que estaba trabajando allí nos atendió muy amablemente. Cargamos las baterías, le agradecimos su atención y le preguntamos si podíamos hacer una oración de agradecimiento por él. Dijo que sí. Le preguntamos si había aceptado a Cristo como Señor y Salvador, y dijo: "No". Oramos por él y aceptó a Cristo. Nos contó que se había salvado del terremoto en 1972, que lo encontraron bajo varios metros de escombros. Le agradecimos al Señor el plan divino y el propósito que ya estaba en la agenda de Dios para nosotras.

Entendimos cuánto amor hay, y hasta dónde el Señor nos lleva por la salvación de un alma.

En el 2012, Dios nos cambió el nombre de Mujeres sin Paredes con el que llegamos a la televisión por un año y ocho meses con la hermana Elisa Ramírez. Me llamó la pastora Margarita para tener una reunión, y cuando entramos, ella me dijo: "Vino una varona de Dios". Yo le había pedido a Dios que si era Él quien me estaba abriendo esa puerta, la pastora me dijera algo que nadie me haya dicho. Luego, ella me preguntó por cuánto tiempo quería el contrato: ¿por tres meses, seis meses o un año? Yo le dije: "Soy una mujer de fe y dependo de Dios todo el tiempo, voy hacerlo un año". Estábamos preparándonos para el evento anual, cuando Dios le cambió el nombre al ministerio por Mujeres sin Fronteras. Porque siempre fuimos sin fronteras; pero no nos habíamos dado cuenta: siempre orábamos por las fronteras.

Muchas veces, tirábamos el mapa del mundo al piso y nos poníamos a orar; los nombres de mujeres nos saltaban del mapa; no las conocíamos, pero nosotras intercedíamos. Una vez, tuve el placer de conocer a una de ellas, una misionera que estaba en la frontera entre Colombia y Venezuela; tenía un comedor de niños y adolescentes. Compartió testimonios tremendos con nosotros: cómo había encontrado a esos niños y jóvenes cuando la guerrilla los dejaba porque estaban heridos física y emocionalmente.

Cuando Dios es nuestro guía, aun sin entender muchas veces adónde vamos, por qué o cómo, Dios alumbrará nuestro camino (Éxodo 13:21). Mientras estemos en su voluntad, dispuestos para alcanzar vidas, Dios hará el resto. El amor por las almas siempre debe ser prioridad en nuestras vidas.

Cuando fui maestra de niños, les enseñé que ellos tenían poder y autoridad de Dios para orar, y que debían creer que, cuando oraran, Él respondería. El Señor puso en mi corazón hacer un retiro con ellos para quedarnos en la iglesia. Le pedimos permiso al pastor y él aceptó. Tuvimos veintitrés niños. A medida que se iban despertando, vieron que yo estaba en el altar orando, y cada uno se puso a mi lado a orar. ¿Y sabes? En esos momentos, ni te acuerdas de sacar fotos; pero quedan en tus recuerdos más hermosos.

Mis hermosos niños, regalo de Dios, tremendo privilegio de parte de mi amado Señor. Los más chiquitos tenían tres añitos y ayunaron hasta las tres de la tarde. Todos fueron bautizados con el bendito Espíritu Santo; quedaron marcados por el Señor.

Muchos de ellos están hoy, y puedo verlos.

Luego, con la ayuda del Señor, empecé a estudiar capellanía, para poder llegar a la cárcel de mujeres porque todo lo que hice fue y es para llegar a ese lugar donde muchas mujeres heridas y traicionadas están esperando. Sigo preparándome.

Primer retiro de niños.

Comencé a viajar para visitar a la hermana Rosita que vivía en el norte de Tampa. Iba una vez por semana, los días jueves. Me levantaba a las seis de la mañana para tomar el colectivo que demoraba una hora y media para llegar al centro de Tampa, allí hacía el transbordo con el otro bus; en total tres horas. Algunos días eran muy tormentosos, las hermanas oraban por mí que estaba viajando, pero Dios siempre me guardó.

Allí comenzaron reunirse varias mujeres, llegó a ser un grupo de doce o trece. Entre ellas, Lupita, Vilma, Sonya, Beatriz, Gladys, Nancy, Adelaida, María.

En esas reuniones, las alentaba, les enseñaba la Palabra, orábamos unas por otras. Luego, a las doce y media del medio día salía para mi casa y llegaba a las tres de la tarde.

Esto duró desde marzo hasta noviembre del 2015.

Con Ruth Deliz, la maestra de capellanía.

Con la hermana Elisa Ramírez.

En la radio Génesis 680 Am.

Predicando en la iglesia del pastor Ríos.

Adrián, cuando se graduó de Bachiller en Teología, junto a Antonela y Nany.

Conclusión

Dice la Palabra que Dios *"nos escogió en él antes de la fundación del mundo..."* (Efesios 1:4), y Él todavía anda buscando gente que se atreva a servir, a salir de la zona de comodidad, del confort, de lo conocido. Él quiere llevarnos más allá. Hay hombres que marcaron la historia, y mujeres que dejaron un legado. Hay una generación que se está levantando. La Palabra dice que tenemos que ser valientes, como David, que peleó con el león, pero salió victorioso (1 Samuel 17:34-35).

David era un joven cuando fue ungido por Dios, a través de Samuel. Dios lo estuvo preparando con el cuidado de las ovejas.

En Jueces 5:7, encontramos a Débora que se levantó como madre para poder con la ayuda del bendito Espíritu Santo levantar mujeres fuertes en Dios: *"Bendita sea entre las mujeres Jael, mujer de Heber ceneo; sobre las mujeres bendita sea en la tienda"* (Jueces 5:24).

Todavía queda que las Esteres se pongan en manos de Dios sin importar a lo que tengan que renunciar. Ester era una joven que ya estaba destinada y halló gracia a los ojos de Hegai (Ester 2:8-9).

Ana fue una mujer que no se olvidó de su promesa a Dios. Cuando Él le concedió el hijo que tanto deseaba, lo llevó al templo y lo dejó, como se lo había prometido (1 Samuel 1:24).

También hombres como Elías, quien hizo descender fuego del cielo por mandato de Dios, porque Él es fiel a su palabra. Como Noé, que "... *halló gracia ante los ojos de Jehová*" (Génesis 6:8), o Abraham, quien por la fe "siendo llamado, obedeció para salir al lugar que había de recibir como herencia; y salió sin saber a dónde iba".

Dios tiene una corona para todo aquel que termina esta carrera.

> Prosigo a la meta, al premio del supremo llamamiento de Dios en Cristo Jesús.
>
> —Filipenses 3:14

Te dejo con esta palabra:

Cuando tú creas, verás la mano poderosa de Dios en todas las cosas que emprendas.

Que el Señor te bendiga rica y poderosamente.

Marta Bargas Gallardo

Mujeres sin Fronteras

Para la gloria del Señor, en el tiempo de la edición de este libro, mi hijo Adrián tiene 36 años y está en el camino del Señor; estudió capellanía junto conmigo; es pastor asociado, y acaba de terminar el bachillerato en Teología.

Mis hijas Nany (31), Lau (29) y Anto (23) también están en el camino del Señor.

Tengo dos hermosos nietos, una niña de tres años y un varoncito de uno.

Y mi esposo sigue siendo mi ayuda, mi mano derecha.

Gracias a mi Rey, mi amado Señor. A Él sea la gloria, honra, poder y toda autoridad.

Mis hijos (de izquierda a derecha): Laura, Gloria (con Kany), Adrián y Antonela.

Con Eduardo, mi amado esposo.

Para información o comentarios puedes comunicarte a:

Marta1gallardoo@gmail.com

Marta Bargas Gallardo

www.aljabaproducciones.com
editora@aljabaproducciones

www.ingramcontent.com/pod-product-compliance
Ingram Content Group UK Ltd.
Pitfield, Milton Keynes, MK11 3LW, UK
UKHW031821260826
14628UKWH00001B/141

9 789871 953905